主　编　林仁华　张辉灿

分册编著　张秦洞

百万雄师过大江
渡江战役

广西科学技术出版社

图书在版编目（CIP）数据

百万雄师过大江：渡江战役 / 林仁华，张辉灿主编.
—南宁：广西科学技术出版社，2012.8（2020.6重印）
（中外战争传奇丛书）
ISBN 978-7-80666-464-3

Ⅰ．①百… Ⅱ．①林… ②张… Ⅲ．①渡江战役
（1949）—青年读物②渡江战役（1949）—少年读物
Ⅳ．①E297.4-49

中国版本图书馆 CIP 数据核字（2012）第 203215 号

中外战争传奇丛书
百万雄师过大江
　　——渡江战役

林仁华　张辉灿　主编

责任编辑　赖铭洪　　　　　　**封面设计**　叁壹明道
责任校对　梁　斌　　　　　　**责任印制**　韦文印

出 版 人　卢培钊
出版发行　广西科学技术出版社
　　　　　　（南宁市东葛路66号　邮政编码530023）
印　　刷　永清县晔盛亚胶印有限公司
　　　　　　（永清县工业区大良村西部　邮政编码065600）
开　　本　700mm×950mm　1/16
印　　张　13
字　　数　167千字
版　　次　2012 年 8 月第 1 版
印　　次　2020 年 6 月第 6 次印刷
书　　号　ISBN 978-7-80666-464-3
定　　价　25.80 元

本书如有倒装缺页等问题，请与出版社联系调换。

主 编 的 话

　　国防教育是建设和巩固国防的基础，是增强民族凝聚力、提高全民素质的重要途径，是直接关系到国家安危和民族兴亡的大问题。我们国家对国防教育都很重视。早在抗日战争时期，毛泽东就把"国防教育"列为"实现坚决抗战的办法"之一。新中国成立后，又提出要在全国人民中间深入进行爱国主义教育和国防教育，号召大家"提高警惕，保卫祖国"。改革开放以来，邓小平同志多次强调要加强对公民特别是青少年进行国防教育，发扬爱国主义精神和革命英雄主义精神。江泽民同志对新形势下的国防教育有过一系列精辟的论述。他深刻指出："只要国家存在，就有国防，国防教育就要长期进行下去，作为公民的终身教育来抓。"他还强调"越是在和平建设时期，越要宣传国防建设的意义，克服和平麻痹思想，增强人民的国防观念"。

　　为加强和普及国防教育，提高全民的国防观念和军事科技素质，2001 年 4 月 28 日以《中华人民共和国主席令》（第 52 号）颁布了《中华人民共和国国防教育法》。《中华人民共和国国防教育法》明确规定："学校的国防教育是全民国防教育的基

础，是实施素质教育的重要内容"，"小学和初级中学应当将国防教育的内容纳入有关课程，将课堂教学与课外活动相结合，对学生进行国防教育"，"高等学校应当设置适当的国防教育课程，高级中学和相当于高级中学的学校，应当在有关课程中安排专门的国防教育内容，并可以在学生中开展形式多样的国防教育活动"。

为了贯彻执行《中华人民共和国国防教育法》的规定，配合学校开展国防教育，提高学生的国防观念和素质，我们与广西科学技术出版社合作，特约中国军事科学院的十几位专家，编写了这套《中外战争传奇》丛书，陆续向全国发行。

这套丛书，是根据目前我国初中、高中历史课本和语文课本中提到的若干战争、战役，从中选择了一些对历史进程有重大影响的内容编写而成的。

这套丛书，在编写上有它自己的特色，即立意新颖，构思巧妙，选材精当，内容真实，主题明确，条理清晰，语言通俗，形式独特。每本书都以故事命题，由三四十个故事构成，人物和事件结合在一起，图文并茂，约13万字。每本书在前面都有一个内容提要，使读者一目了然地了解一场战争或一个战役的全貌。

在这套丛书的传奇故事中，主要是记述广大军民为谋求人民解放、民族独立、反抗侵略、保家卫国的光辉事迹。既有统帅、名将的高超谋略、英明决策和指挥艺术，又有广大官兵的英勇善战、不怕流血牺牲和积极的献计献策；既有用兵如神、出奇制胜的成功经验，又有一着不慎、满盘皆输的失败教训；既有集中兵力、以众击寡的常规韬略，又有以弱制强、以少胜多的制胜方略；既有屡战屡败、关键一仗取胜而决定战争命运

的经验，又有连打胜仗、关键一仗败北而导致全军覆没的教训；既有居安思危、有备无患的经验，又有忘战必危、亡国亡军的教训，等等。这些内容丰富、情节生动、事迹感人、引人入胜的传奇故事，作者以生动、形象的描述，通俗的语言，流畅的文笔整理成书，奉献给读者。这对加强全民国防教育，使读者特别是青少年增长军事知识，启迪谋略能力，发扬爱国主义精神，增强国防意识和爱军尚武思想，都会有极大的促进作用。

由于我们水平有限，对国防教育的需求了解不足，不当之处在所难免。敬请读者和专家、学者及时提出批评指正，以利我们在后续工作中改进。

林仁华　张辉灿

ZHONGWAIZHANZHENGCHUANQICONGSHU

目 录

CONTENTS

渡江战役大扫描

长江，是中国的第一大河，全长 6300 千米，发源于唐古拉山脉主峰各拉丹冬雪山西侧的沱沱河，她气势磅礴，流淌不息，奔流入海，自西向东横贯中国大陆中部，流经青海、西藏、云南、四川、重庆、湖北、湖南、江西、安徽、江苏，在上海市入东海。长江分为三段，湖北宜昌以上河段为上游，宜昌至江西湖口河段为中游，湖口以下河段为下游。

在中华民族发展的历史进程中，长江与黄河一起孕育了华夏文明，长江因此成为炎黄子孙的第二条母亲河。即使在她即将入海的一刹那，一回头所留下的长江三角洲地区，也成为享誉海内外的"鱼米之乡"和"丝茶之府"，而且人杰地灵，生长和培养了众多的英雄豪杰。

大江东去浪淘尽，千古风流人物。长江历尽沧桑，多少个冬去春来，她目睹了历代王朝的兴衰，阅尽了中华民族的喜怒哀乐，谱写了一曲曲慷慨悲歌。

唐代诗人李白面对长江，在《金陵》一诗中发出了"金陵空壮观，天堑静波澜"的感叹。

长江，江宽水深，历来被兵家称为天堑。《南史·孔范传》

曰："长江天堑，古来限隔，虏军岂能飞渡！"正因为长江地形险要，难以逾越，长江南岸广大地区遂成为一些王朝称雄割据的场所和落难王朝的栖息地。虎踞龙盘的南京，是三国时期东吴、东晋落难王朝，南北朝时期的宋、齐、梁、陈，五代十国时期的南唐，明朝初年以及国民党政府的建都之地。西子湖畔风景优美的杭州，成为五代十国时期的吴越和落难王朝南宋的都城。

长江虽然难以逾越，但也绝非是不能通过的鸿沟。从中国数千年的文明发展史来看，在特定的历史时期，长江可能成为一些封建王朝固守江南一隅的天然屏障，但它终究无法阻止统一中国的步伐。

光阴荏苒，岁月如梭。历史的巨轮驶进了1949年初，在中国的大地上，共产党成功地进行辽沈、淮海、平津三大战役之后，国民党军的实力受到严重的削弱，蒋家王朝处在风雨飘摇中。国民党为了赢得时间进行垂死挣扎，故而在和平谈判的烟幕掩护下，一面要求与中共进行"和谈"，一面加紧组织长江防御，妄图利用长江天险与人民解放军对峙，取得喘息的机会，等待时机，依托长江以南半壁山河重整军力，在美国佬的帮助下卷土重来。其次，也要阻止解放军过江，保住江南半壁河山，使中国重走南北朝的老路。

截至1949年4月初，国民党军在湖北宜昌至上海间的中、下游地段的1800多千米的长江沿线，部署了115个师约70万兵力（在江西湖口至上海的下游河段，部署了京沪杭警备总司令部汤恩伯集团的75个师约45万人；湖口至宜昌的中游河段，则由华中军政长官公署白崇禧集团的40个师约25万人负责守卫）。此外，还调集了130艘军舰和300多架飞机，构成所谓的陆海空

立体防线，企图将人民解放军阻挡在长江以北。美、英等帝国主义国家的舰艇也没有闲着，频繁地游弋于中国的长江及长江口外沿海，妄图对人民解放军渡江作战进行武装干涉。

为了将革命进行到底，中共中央、中央军委决定，在与南京国民党政府进行和平谈判的同时，加紧渡江作战的准备。在兵力使用上，决定以第二、第三野战军的 100 万兵力，在第四野战军先遣兵团 12 万兵力的策应下，渡江歼灭汤恩伯集团，夺取国民党政治、经济、军事和文化中心——京沪杭地区。

渡江战役，也称京沪杭战役，是解放战争时期，中国人民解放军第二、第三野战军和第四野战军一部及中原军区、华东军区部队共 120 万人，在长江中下游地段强渡长江，对国民党军汤恩伯、白崇禧两集团进行的战略性进攻战役。

为了加强对渡江战役的指挥，中共中央和中央军委早在 1949 年 1 月 8 日就作出决定，由第二野战军司令员刘伯承、政治委员邓小平和第三野战军司令员兼政治委员陈毅、副司令员粟裕、副政治委员谭震林在淮海战役期间组成的总前委（邓小平为书记），继续行使统一指挥渡江作战的职责，统一领导 8 个兵团部、26 个军的百万雄师渡江作战。

中共中央和中央军委专门强调："此次我百万大军渡江南进，关系全局胜利极大。希望二野、三野全军将士，同心同德，在总前委及二野、三野两前委领导下，完成伟大任务。"

实施渡过长江的作战，是人民解放军面临的一个新课题。在既无海军、空军，众多指战员又不习水性，缺乏渡江作战经验的条件下，要突破国民党军陆、海、空组成的长江防线，面临着渡河工具缺乏、地形和敌情不清等诸多的困难。

为了圆满完成渡江作战任务，总前委精心制定了《京沪杭战役实施纲要》，在作战准备上，要求各野战军大量搜集和准备渡河工具和器材，加强临战训练，提高官兵的游泳能力，扫除江北敌人据点，加强战法研究，提高强渡江河的作战水平；在作战部署上，将第二、第三野战军组成东、中、西三个突击集团，采取宽正面、有重点的多路突击的战法，首先歼灭沿江防御之敌，然后向长江南岸的广大地区发展，顺势夺取南京、上海、杭州等城市，彻底摧毁国民党的统治。

东突击集团由第三野战军第 8 兵团指挥第 20、第 26、第 34、第 35 军，第 10 兵团指挥第 23、第 28、第 29、第 31 军和苏北军区 3 个独立旅及第三野战军特种兵纵队炮兵第 1、3、5、6 团，共 35 万人组成，由第三野战军副司令粟裕、参谋长张震统一指挥。

中突击集团由第三野战军第 7 兵团指挥第 21、第 22、第 24 军，第 9 兵团指挥第 25、第 27、第 30、第 33 军及特种兵纵队炮兵第 2、第 4 团、骑兵团，共 30 万人组成，由第三野战军副政治委员谭震林统一指挥。

西突击集团由第二野战军第 3 兵团指挥第 10、第 11、第 12 军，第 4 兵团指挥第 13、第 14、第 15 军，第 5 兵团指挥第 16、第 17、第 18 军及中原军区部队一部，共 35 万人组成，由刘伯承和第二野战军副政治委员张际春、参谋长李达统一指挥。

为了加强中、东集团作战行动上的协调，中突击集团过江后，统一归粟裕、张震指挥。总前委指挥部位于合肥以南的瑶岗，由邓小平、陈毅坐镇指挥整个渡江作战。

担负渡江作战的部队于 3 月初至 4 月底陆续到达长江北岸，从政治思想、战术、军事训练、筹集船只等物资保障到敌情、天候地理等方面做了充分的准备，并深入沿江地域进行周密侦

察，很快摸清了国民党军的江防体系、兵力部署、纵深配备、预备队位置、火力配系、指挥系统及各级指挥所位置等布防情况，以及地形、水文、气象、民情等与渡江作战有关的情况，为前线各级指挥员正确指挥强渡长江作战起到了极为重要的作用；分别对国民党军据守的江北桥头堡及一部分江心洲发起攻击，有效地控制了长江航道，开辟了渡江基地和通道；积极开展对国民党军的政治瓦解和策反工作，使许多国民党军队官兵纷纷起义和投诚，极大地削弱了国民党军的士气和战斗力，为人民解放军渡江作战减少伤亡、加快进程作出了重大贡献。解放区的人民进行积极的支前，从后勤保障和船只等渡河工具方面全力支持解放军渡江。

1949 年 4 月 1 日，中国共产党代表团和国民党政府代表团在北平（今北京）举行和平谈判。15 日，双方拟就最后修正案的《国内和平协定》，并商定于 20 日共同签字。但是，这一方案遭到南京国民党政府的拒绝。蒋介石、李宗仁他们过高估量了自己的力量，决心继续进行反革命战争，发表联合声明，拒绝在《国内和平协定》上签字。

以邓小平同志为书记的总前委统率第二、第三野战军和第四野战军一部，遵照中共中央军委命令，于 4 月 20 日午夜迅速发起渡江战役。长江怒吼了！她以雷霆万钧之势，导演了一幕人民解放军百万雄师过大江的历史活剧，谱写了一曲埋葬蒋家王朝的凯歌。

整个渡江战役分为三个阶段。

第一阶段为 4 月 20 至 23 日，一举突破长江防线，解放南京。

第二、第三野战军在西起湖口，东至江阴的 500 千米战线

上，以木帆船为主要航渡工具，在强大的炮兵、工兵支援下，采取中间开花、两头跟进的战术横渡长江，一举突破国民党苦心经营的长江防线，粉碎了守军的多次反扑，并严惩了英军"紫石英"号等军舰的侵略行径，同时争取了江阴要塞守军的起义，控制了炮台，封锁了江面，从而巩固了长江南岸阵地。第四野战军先遣兵团和中原军区部队占领与武汉隔江相望的黄梅、浠水、汉川等地，有力地牵制了白崇禧集团，保障了第二野战军渡江作战的翼侧安全。

21 日，中国人民革命军事委员会主席毛泽东和中国人民解放军总司令朱德发布《向全国进军的命令》，命令人民解放军"奋勇前进，坚决、彻底、干净、全部地歼灭中国境内一切敢于抵抗的国民党反动派，解放全国人民，保卫中国领土主权的独立和完整"。

22 日，国民党军仓惶实施总退却。兵分三路，一路向浙赣路退却，一路向杭州方向退却，一路向上海退却，企图在浙赣路和上海地区组织新的防御。胜利渡江的人民解放军"宜将剩勇追穷寇"，23 日占领国民党反动统治的中心——南京。南京的解放，宣告了国民党反动统治的灭亡。

第二阶段为 4 月 24 日至 5 月 11 日，我军合围歼灭南京、镇江、芜湖的逃敌，占领浙赣铁路。

人民解放军中、东突击集团主力迅速在皖南郎溪、广德地区包围歼灭了南京、镇江的逃敌，并于 5 月 3 日解放杭州，逼近上海。西突击集团兵分多路向浙赣路齐头并进，截歼逃敌，一举截断浙赣线，并相继解放了九江、南昌，割断了国民党军白崇禧、汤恩伯两集团的联系。随后，第二野战军在浙赣线金华至东乡段休整，策应第三野战军夺取上海，并随时准备对付美、英等国可能的武装干涉。

第三阶段为 5 月 12 日至 6 月 2 日，攻占上海，歼灭汤恩伯集团主力，解放崇明岛。

退守上海及其周围地区的是国民党军汤恩伯集团的 20 万人，在蒋介石的亲自指挥、部署下，企图凭借上海大城市的物资雄厚和工事坚固顽抗到底，并准备破坏城市，挑起国际事件，促使帝国主义武装干涉。

第三野战军经过精心准备后，第九、第十兵团于 5 月 12 日发起上海战役。两兵团采取钳形攻势，从浦东、浦西两翼迂回，以吴淞口为目标实施向心突击。激战至 27 日，上海解放。与此同时，第四野战军先遣兵团两个军，5 月 14 日在武汉以东团风至武穴间 100 千米地段强渡长江，争取了国民党军第 19 兵团在贺胜桥、金口等地起义，17 日解放武汉三镇（武昌、汉口、汉阳）。6 月 2 日，崇明岛解放。至此，渡江战役胜利结束。

渡江战役是一个大规模的战略性战役，历时 42 天，人民解放军以木帆船为主要航渡工具，一举突破国民党军苦心经营 3 个半月的长江防线，并以运动战和城市攻坚战相结合，合围并歼灭国民党军 11 个军部、46 个师约 43 万人的重兵集团，解放了南京、杭州、上海、武汉等大城市以及江苏、安徽两省全境和浙江省大部分地区，还解放了江西、湖北、福建等省部分地区。

"钟山风雨起苍黄，百万雄师过大江"，毛泽东这一气势恢弘的诗句，历史性地总结了人民解放军进行的渡江战役。

渡江战役，中国人民解放军以阵亡 10553 人，负伤 35448 人，其他减员 3877 人，共计 49878 人，损耗山野炮、步兵炮 5 门，轻重迫击炮 68 门，轻重机枪 412 挺，长短枪 2433 支，各种炮弹 164577 发，各种枪弹 7579084 发，手榴弹 88655 枚，炸药

26559 千克的代价，取得了毙伤国民党军 28144 人，俘虏 322313 人，起义投诚者达 85558 人（1 个军部，9 个师，江阴要塞守备总队，1 个自卫总团，2 个自卫团，6 个保安团），全歼国民军正规部队 8 个军部、3 个师部、32 个师，大部歼灭 4 个军部、5 个师，一部歼灭 13 个师，歼灭非正规部队 10 个交警总队，2 个保安旅，12 个保安团以及联勤总部警卫团，伪政府警卫团，第 9 编练司令部荣誉 2 团，京沪杭护路队军官教导团，江宁要塞守备总队等，并缴获要塞加农炮 17 门，山野炮 286 门，步兵战防炮 226 门，高射炮 4 门，轻重迫击炮 2426 门，轻重机枪 14356 挺，长短枪 179771 支，火箭筒 318 具，枪榴、掷弹筒 2084 具，各种炮弹 359835 发，各种枪弹 28793732 发，坦克、装甲车 123 辆，汽车 2171 辆，舰艇（船）220 艘，马匹 6250 匹，电台 160 部；击毁击伤飞机 3 架，坦克、装甲车 11 辆，汽车 9 辆，舰艇（船）37 艘的重大战果，彻底粉碎了国民党妄图盘踞长江以南的半壁河山，重振军力，伺机反扑的阴谋，为人民解放军下一步解放华东全境和向华南、西南进军，解放全中国奠定了良好的基础。

多次酝酿渡长江

渡江作战，向南发展，进而解放全中国的宏图大业，早就在毛泽东等老一代无产阶级革命家的胸中激荡。自从解放战争战略进攻的序幕揭开以后，为了以主力打到外线去，将战争引向国民党区域，扩大战果，最后夺取全国胜利，中共中央、中央军委曾经数次制订过渡江作战的计划。

第一次计划，因时机不成熟而放弃。1947 年 7 月 23 日，当刘邓大军挺进鲁西南之际，军委就曾提出"叶、陶两纵队（即由叶飞任司令员兼政治委员，后谭启龙任政治委员，辖 4 个师，共 2.3 万人的华东野战军第一纵队；陶勇任司令员，王集成任政治委员，辖 3 个师，共 3 万多人的华东野战军第四纵队）出闽浙赣，创造闽浙赣根据地"的设想，也就是渡过长江去，在福建、浙江、江西等地区建立革命根据地，并要求两广纵队随同南下，伺机在两广建立革命根据地，开展武装斗争。两广纵队是于 1946 年 7 月 5 日，根据中国共产党和国民党政府达成的协议，由广东人民抗日游击队的 2500 多人，北撤山东烟台后逐步发展起来的。曾生任司令员，雷经天任政治委员。纵队多数人员是广东、广西人，便于就地展开斗争。

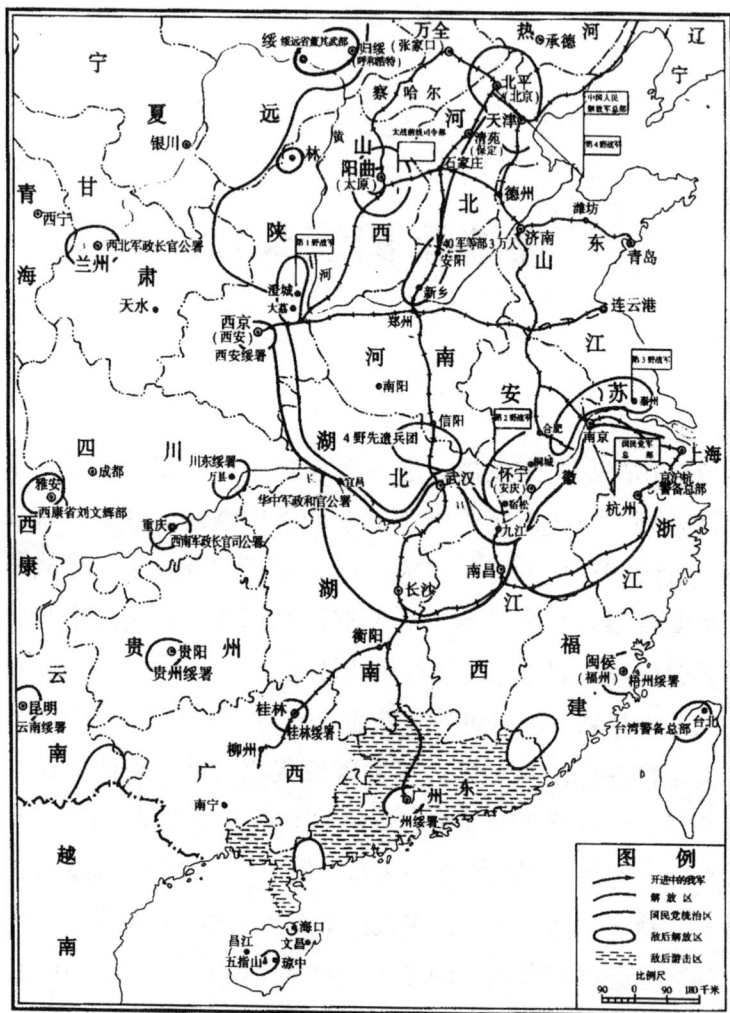

人民解放军渡江战役前敌我态势图（1949 年 4 月中旬）

在刘邓大军决定提前进入大别山，华东野战军第一、第三、第四、第八、第十纵队转入鲁西南后，中央经过研究认为，在鲁西南需要重兵钳制敌人、保障刘邓大军南下的情况下，再分散兵力，以近 6 万人渡江作战南进，对整个战局不利，故而放弃了华东野战军部分部队渡江作战的这一计划。

　　第二次计划，也因时机不成熟而放弃。1948年1月27日，中央军委为了进一步把战争引向敌人的深远后方，命令粟裕率领上述的华东野战军第一、第四纵队，再加上第六纵队（王必成任司令员，陈时夫任政治委员，辖3个师，共3.5万人），组成一个兵团，渡江南下。计划在湖北的宜昌至监利之间渡过长江进入湘西，或从洪湖、沔阳地区渡江进入鄂南，先在湖南和江西两省周旋半年至一年，分散敌人的精力和兵力，使敌人防不胜防。

　　得知这个计划后，善于思考问题的粟裕盘腿坐在地图前，眼光落到长江以及长江南北广大地区上，对这个计划思量再三。中原地区有数条铁路干线和一些大中城市，敌人需要防守，包袱背得很多很重。虽然这个地区敌人集结了重兵，但由于要守铁路、守城市，机动兵力较少。如果我军在这一地区积极行动，势必能调动敌人，为我军歼敌于运动中创造战机。在大量破坏交通线的情况下，可以阻碍敌人机动，充分发挥我军徒步行军能力强的特点，运动中速战速决。该地区靠近晋冀鲁豫老解放区，可以及时得到人民群众的支持。

　　他想，如果用3个纵队近10万人渡江南进，试图到敌人的后方进行机动作战，无疑会给敌人以相当大的震惊、威胁和牵制，调动江北的一些部队回防江南，但也存在一些不利因素：

　　一是在敌占区行动几千里甚至上万里，肯定会遭到敌人的围追堵截，预计减员会达到近一半，而以同样的代价，在中原地区完全可以歼灭敌人3～5个整编师。

　　二是我大兵团进入新区，远离后方作战，兵员、粮食、弹药和其他物资的补充、供应和伤病员安置等，都会遇到极大困难。

三是渡江后，将不得不在沿途湘西（或鄂南）、湘南、湘赣边和赣东北等地区，依次留下一些部队建立小游击区，以收容伤病员和处理多余武器，剩下能够机动作战的部队越来越少，不仅无力攻占大中城市，即使出现有利战机，也不易先机歼敌。

四是我们南渡后，估计能调动部分敌人，但难以调动敌人在中原战场上的整编第五军、整编第十一师、桂系第七军和整编第四十八师等4个主力军（师），前两支是半机械化部队，故敌人不会将他们调到江南打游击，而桂系的两支部队，蒋介石不会轻易地纵虎归山，肯定要滞留他们在中原，这样就达不到预期的行动目的。

五是减弱了中原地区敌我之间的兵力对比，不便于在中原地区进行大规模的歼灭战。

通过权衡利弊，粟裕认为：当务之急是要改变中原地区战局，进而在各战场彻底打败国民党军，势必应该在中原和华东地区同敌人进行几次大的较量，打几个大的歼灭战，尽可能多地把敌人主力消灭在长江以北，而不宜急于将矛头伸向敌人的后方。"从全局来看，为了改变中原战局，进而协同全国其他战场彻底打败蒋介石，中原和华东解放军势必还要同国民党进行几次大的较量，打几个大的歼灭战，尽可能多地把敌人主力消灭在长江以北。而要打大歼灭战，3个纵队渡江南进是做不到的，还是暂留在中原作战更为有利。"

但要不要提出自己的看法，粟裕是有顾虑的："自己看问题是否有局限性，对中央如此重大的战略决策提出不同看法，会不会干扰统帅部的决心呢？"

经过几天的反复思考，粟裕认为："作为一个战役指挥员，在即将执行上级赋予的作战任务时，应当结合战争的全局进行思考，从全局上考虑得失利弊，把局部和全局很好地联系起来。全局是由许多局部组成的，从局部看到的问题，也许会对中央观察全局、作出决策有参考价值。"想到这里，粟裕终于消除了顾虑，于4月18日将自己的看法和建议向中央报告。

中央接到粟裕的建议报告后，对粟裕的建议极为重视，立即要陈毅与粟裕一起到中央去当面汇报。粟裕心情很紧张，他不知道自己的这一"大胆"建议会带来什么样的后果。

毛泽东、刘少奇、周恩来、朱德、任弼时等中央领导同志在河北阜平县城南庄接见了陈毅和粟裕。毛泽东说："粟裕，你'集中两个野战军在中原黄淮地区打歼灭战'的想法很好，再具体说说。"

粟裕向毛泽东等中央领导同志汇报了他几个月来反复考虑的各种情况。他说，在中原地区，可以大量歼灭敌人，诱使敌人同解放军进行决战，这样就可能消灭敌人的主力，为尔后的南下作战创造条件。毛泽东等听取了粟裕的汇报，经过研究，同意了粟裕的建议。

第三次计划，是在1948年10月11日提出的。中央军委认为：淮海战役，当初仅以歼灭黄百韬兵团和海州、两淮地区之敌为目的。战役结束时，估计邱清泉和李弥两兵团会固守徐蚌地区，使我难以歼击。于是要求华东野战军分为东西两兵团，东兵团由5个纵队组成，在苏北、苏中作战，其余主力组成西兵团，出河南、安徽两省，协助刘邓大军攻取菏泽、开封、郑州、确山、信阳、南阳、淮河流域及大别山各城。为此，中央指示华东野战军1949年1月休整，2月西兵团转移至中原，3～7月协同刘邓大军开始上述地区的作战，秋季大约可以举行渡江作战。

辽沈战役结束后，全国军事形势发生了重大变化。这时，中原野战军正在同华东野战军会合。根据出现的有利的战略态势，中央军委决定，扩大淮海战役原定的规模，并决定由华东野战军、中原野战军共同与刘峙集团进行决战。淮海战役的顺利发展，为提前进行渡江战役创造了条件。

第四次计划，因时机成熟而实施。1948年12月12日，当时淮海战役正在紧张地进行：杜聿明集团已被团团包围，黄维兵团即将被全歼，淮海战役胜利大局已定。中央因此决定，待淮海战役结束后，华东野战军、中原野战军两军休整两个月，主要进行渡江准备，预定在5月或6月进行渡江作战。

进入1949年后，中国共产党与国民党政府进行了和平谈判。但不管结果如何，人民解放军都是要渡江向南进军的。和平谈判成功了，即用和平的方式渡江；和平谈判不成功，即用战斗的方式渡江。

抒豪情一统中华

1948 年 12 月底的一天，河北省平山县的一个名叫西柏坡小山村里，有一个身材魁梧的人正在一个小院落中，舒展活动着有些倦乏的身体。他就是领导中国人民谋解放的伟大领袖毛泽东同志。

此时，有几位警卫战士正在房间里议论着新年快到了，该给首长准备点什么年货。毛泽东一听快到元旦了，便想起要为新华社撰写新年献词的事来。他伸展了一下双臂，一转身回到了办公室。办公室里放着一张大办公桌、一套沙发，还有圆桌、茶几、藤椅和几把椅子，墙上挂满了地图。

在办公室内，毛泽东面对曾经无数次凝视和谋划过的地图，点燃一支香烟。他从北向南，又从西向东，审视着整个中华大地，脑海中回顾着中国革命已经走过的漫长历程，现在终于彻底改变了革命力量与反革命力量的对比，中国人民解放军无论是在数量上，还是在质量上，都超过了国民党军队。因此，必须将革命进行到底，"宜将剩勇追穷寇，不可沽名学霸王"。

在深思的过程中，毛泽东顿觉文思如泉，转身坐到了办公桌前，掐灭香烟，提起毛笔饱蘸浓墨，写下了"将革命进行到

底"的标题。随后略一沉思便挥笔疾书："中国人民将要在伟大的解放战争中获得最后胜利，这一点，现在甚至我们的敌人也不怀疑了。"

"战争走过了曲折的道路……"毛泽东不停顿地写下近千言，对两年多的战争历程如数家珍般地一一道出，然后他写道："敌人的战略上的战线已经全部瓦解。东北的敌人已经完全消灭，华北的敌人即将完全消灭，华东和中原的敌人只剩下少数。国民党的主力在长江以北被消灭的结果，大大便利了人民解放军今后渡江南进解放全中国的作战。……中国人民解放战争在全国范围内的胜利，现在在全世界的舆论界，包括一切帝国主义的报纸，都完全没有争论了。"

时间在毛泽东的龙笔飞舞中延伸，文稿在不断地加厚。

毛泽东打量了一下写过的文稿，觉得还应该告诉人们在新的一年中做些什么。

1949年，这是个平常的年份，也将会因中国共产党的作为而变得十分重大。毛泽东搁下笔，抬头凝视地图。图上代表国民党军队进攻的蓝色箭头变得十分稀拉，代表国民党占据地盘的蓝色圈圈也已经不多了，剩下的主要集中在西北和长江以南地区。对西北地区，毛泽东并不太挂心，那里的胡宗南匪部已经是秋后的蚂蚱——蹦跶不了几天了。而对于长江以南之敌，由于有长江天险的阻隔，毛泽东感到有些担忧。

毛泽东的目光盯在了长江上，长江是中国最长的河流，由西向东从地理上把中国一分为二，但长江不能成为分界线，更不能成为国界。

毛泽东对中国的历史了然在胸。在中国的历史长河中，长江曾经让无数兵家吃过败仗，使中华大地数度出现南北分裂割据的局面。曹操赤壁惨败，于是三国鼎立；由于长江的阻隔，南北朝对峙将近百年；唐、宋、元、明、清，每一次改朝换代，长江都发挥了巨大的作用。

在中国共产党统一中国的进程中，长江不能成为绊脚石，中国人民解放军要跨过长江去，解放全中国。正当毛泽东思虑如何进行渡江作战时，周恩来推门走了进来。

毛泽东一抬头："恩来，你来得正好，你看在新的一年里，我们将要告诉人民做些什么。"

"我们可以告诉人民，我们要成立共产党领导的政府，要把经济搞上去，还要渡江南进，解放全中国。"

"好！"毛泽东又回到办公桌旁，拂了拂毛边纸，挥笔而书。

周恩来走到毛泽东身后，轻轻地念到："一九四九年中国人民解放军将向长江以南进军，将要获得比一九四八年更加伟大的胜利……几千年以来的封建压迫，一百年以来的帝国主义压迫，将在我们的奋斗中彻底地推翻掉。一九四九年是极其重要的一年，我们应当加紧努力。"

写到这里，毛泽东把笔一搁，笑了一声说道："行了，就此打住！"

就这样，令国民党政府头痛的新华社新年献词出台了。

几天以后，两辆吉普车开到了西柏坡。车上下来的是中原、华东两大野战军的司令员——刘伯承和陈毅。他们顺手拍了下身上的尘土，紧了紧衣领，整了整了军服，便向中共中央、中央军委的办公所在地的院子走去。

在屋门口，他们停下了脚步，一齐喊了一声："报告！"

"进来！"

他们进门一看，中央的 5 位领导人毛泽东、朱德、刘少奇、

周恩来、任弼时均在场，个个谈笑风生。

毛泽东一抬手，示意他们坐下。他们刚一坐下，毛泽东就说道："我们正在议论渡江作战，你们来了正好，谈谈你们的想法。"

刘伯承示意陈毅先谈，陈毅谦让了一下说："还是按照编制序列嘛。"意思是请刘伯承司令员先谈。

刘伯承扶了扶眼镜，向毛泽东报告："总前委5个人已经研究过了，等一吃掉杜聿明，大部队就可以向南开进，准备渡江。"

朱德问道："你们对渡江作战有啥子具体想法？还有什么问题没得？"

"在军事上不存在什么大问题，与挺进大别山那时相比，我们这次非常主动。"刘伯承想了一下回答。

陈毅笑呵呵地插话："我看，得天下没得问题。可是，治天下有点难。今后向南发展，解放的城市多了，不能缺少接管地方的干部。"

"陈老总不必担心，打下地方，总会有人去管理的。你就可以管理嘛！"刘少奇接了一句。

毛泽东接着说："等上海解放了，我们陈老总就可以当市长嘛。"

陈毅谦虚地说："还有伯承呢，让他去吧。"

"伯承还有南京呢！"朱德笑着说。在中共政治家、军事家的眼里，这些都已经充分地考虑到了。

毛泽东弯腰用夹子从面前的火盆中取出一块红炭，点燃香烟，然后坚定地说："我们是一定要打过长江去的，中国不能成为'南北朝'，不能分裂，分裂就要受外人欺负，要统一成为一个整体。"

　　大家都看着毛泽东没有说话。"到南方去作战，我们有不利条件：那里最广大区域还处在国民党统治之下，我党的组织还不强大，群众还没有发动；在这种条件下，军队的给养在头一个时期将遇到许多困难；大城市夺取容易，但掌握它则较掌握北方诸城要困难得多。"毛泽东连吸了两口烟后，继续说。

　　毛泽东从座位上站起来，走到了地图前，看了一下地图，把烟头往地下一扔，用脚将其踩熄，回过头来说道："可是我们也有许多有利条件啊！比如，国民党军队已经没有主力了，我们则有强大的军队；国民党的威信已经丧失，特别是当南京和武汉被我们夺取之后，它将更加威信扫地，我党则有极高的威信；南方有许多老革命根据地，现在又有许多游击部队和游击区。这些都是有利条件。"毛泽东一边说，一边扳着指头。

　　大家全神贯注地听毛泽东的讲话，刘伯承见主席此时稍有停顿，便开口问道："主席，美国有没有可能出兵？"

　　没等毛泽东回答，陈毅司令员抢着说："即使美国鬼子出兵，我们也不怕。"

　　毛泽东没有马上回答，而是把目光注视着祖国的沿海地区。停了一下说："我们要防止美国出兵，要把美国直接出兵占领沿海若干城市，并同我们直接作战作为一种可能性予以考虑，并计算到我们的作战计划之中。这一种计算现在不要放弃，否则事变万一到来，我们就会手足无措。"

　　停了一下，毛泽东放缓了口气说："不过，现在美帝国主义的对华政策正在发生改变，已由单纯地支持国民党武装反共，转变为两面性的政策。这即是：一方面，支持国民党残余军事力量和地方军阀，继续抵抗人民解放军；另一方面，则派遣其走狗混入革命阵营，组织所谓反对派从内部来破坏革命。在人

民解放军接近于全国胜利时，甚至不惜用承认人民共和国的方法，以求取合法的地位，实施这一'内部破坏'的政策。对于这一帝国主义的阴谋计划，我们必须提高警惕，并坚决地将其击破。"

听到这里，任弼时插了一句："苏联人对我们渡江作战好像不大赞同。"

"据说斯大林不同意我们同蒋介石再打下去，他的全权代表罗申大使还在南京，同国民党政府来往频繁。"刘少奇接了一句。

毛泽东略一思虑后把手一挥，大声地说："不去管他们，我们中国人走自己的路！"

"对！"大家异口同声地说道。

3月，中共第七届中央委员会第二次会议在西柏坡召开，会议开了8天。参加会议的有中央委员34人，候补中央委员19人。

毛泽东在5日这天的会议上作了报告。

6日上午，分组会上，周恩来、邓小平、陈毅等人正在讨论毛泽东的报告，毛泽东走了进来。众人纷纷起身，给毛泽东让座。

毛泽东坐下后问道："诸位，我们就要取得全国胜利了，你们对今后的军事形势有什么看法？"

心直口快的陈毅回答道："主席，您在报告中指出，今后解决国民党军一百多万人的方式，不外有天津、北平、绥远三种。可是，如果我们同国民党和谈成功，如何处理国民党的军队呢？"

毛泽东语调平缓地说："我们希望全国和谈成功，不过啊，对国民党不能抱有过高的希望。蒋介石是不甘心失败的，他不愿意放下手中的枪。但是，我们也应该看到，国民党中已经有许多人不愿意打内战了，所以我要说，今后全面和平即使不能成功，但局部的和平还是存在的。你们对各种问题要灵活掌握，争取多用北平方式解决敌人。"

听到这里，邓小平说："主席，您在报告中指出，人民解放军永远是一个战斗队，又是一个工作队，特别是在南方各地用北平方式或者绥远方式解决问题的时候更是这样。您的这一席话对我们渡江作战很有指导意义。"

毛泽东笑了笑，用手一指陈毅说："是陈毅逼出来的哟，他上次来向我们要干部，我们哪有那么多的干部。现在为你们南下，好几个月才准备了 5 万 3 千多名干部，远远不够用啊！"

陈毅也笑了起来，他说："听了主席的报告，我觉得人员够用喽，我们有两个野战军，再加上地方武装，有 100 多万人呢！"

大家哈哈笑了起来，停了一会，毛泽东稍显严肃地对邓小平和陈毅说："你们两个野战军要随着战斗的逐步减少，慢慢地实行这种任务的转化。我们过去是用乡村包围城市，从现在起，我们要开始由城市到乡村，并由城市领导乡村。你们到南方去作战，要先占领城市，后占领乡村，最后解放全中国。"

和谈作幌实备战

1948 年 12 月 31 日，夜幕刚刚降临，在国民党政府所在地的南京黄埔路上，总统官邸内外张灯结彩，一辆辆高级轿车鱼贯而入。身着高级西服和晚礼服的达官显要来来往往，新年的气氛十分浓烈，但人们的脸上少了几分新年的欢乐，多了几分对时事的忧虑。

晚 7 时左右，随着副总统李宗仁，行政院长孙科，立法院长童冠贤，监察院长于右任，以及国民党中央常委张群、张治中、邵力子、陈立夫、谷正纲、张道藩等的到来，参加蒋介石举行的除夕便餐的 40 多位嘉宾全部到位。

晚餐虽然十分丰富，但大部分人都没有胃口。在整个就餐过程中，没有欢声，也没有笑语。

除夕就餐结束后，蒋介石发表了讲话，他的语调非同寻常的低沉："现在局面严重，党内有人主张和谈，我对于这样一个重大问题，不能不有所表示。现在拟好一篇文告，准备在元旦发表。现在，请张群先生读一遍，征求大家的意见。"

张群接过文告，清了清嗓子，大声念道："处此国家危机，我唯有对我的领导无方引咎自责，有负国民付托之重，实不胜

22

其惭惶悚栗。"

"只要和议无害于国家的独立完整，而有助于人民的休养生息，只要神圣的宪法不由我而违反，民主宪政不因此而破坏，中华民国的国体能够确保，中华民国的法统不致中断，军队有确实的保障，人民能够维持其自由的生活方式与目前最低生活水准，则我个人无复他求。中正（蒋介石）毕生革命，只知为国效忠，为民服务，实行三民主义，从而履行一革命者之神圣任务。只要和平果能实现，则个人的进退出处，绝不萦怀，而一唯国民的公意是从……"

两千多字的文字，张群一口气读完。蒋介石的这篇文告，令许多人始料不及，所以文告念完后，全场一片沉静。

蒋介石耐不住寂静，停了一会，见无人说话，便问坐在右边的李宗仁："你对这篇文告有什么意见？"

李宗仁没料到蒋介石有此一问，匆忙答道："我与总统并无不同意见。"

这时，社会部长谷正纲坐不住了，大声叫道："总统不能有下野谋和的意向，否则会对人心士气发生重大影响。"

他的话音刚落，就有人发表相反的意见。

谷正鼎、张道藩发言支持谷正纲的观点。反对派则要求蒋介石早日下野，以利和谈。两派立即展开了辩论，争论不休，整个大厅沸沸扬扬。

蒋介石看着这些党国的精英们如此吵闹，气得两只眼珠子都瞪了出来，他原期望在他做出一副悲天悯人的样子之后，他的嫡系、他的心腹，乃至党内的其他人士会挽留他，以便帮助他渡过这场危机，给国内和美国人造成一种"不是他蒋介石不愿引退，而是他的部下、党内的同志不让他下台"的印象。

但蒋介石失望了，联想到白崇禧在武汉逼他，长沙绥靖公署主任兼湖南省政府主席程潜，河南省政府主席张轸以及湘、鄂、豫、桂四省的参议会议长等通电要他下野，改弦更张，甚至提出"非蒋下野，不能和谈"。现在居然有人当着面要他下野，他岂能容忍，憋了数天的怒气终于冲天而发："我并不是要离开，只是你们党员要我辞退；娘希匹，我之愿下野，不是因为共产党，而是因为本党中的某一派系。"

临走时，他向张群抛下一句话："有关我下野的一句话，必须列入文告！"说罢，恼羞成怒的蒋介石愤然离席，留下客人扬长而去，40多个党政军大员面面相觑，不知所措。

1949年1月1日，蒋介石极不情愿的《告全国军民同胞书》——元旦文告发表了，在提出一系列条件的基础上，愿与中共进行"和谈"。蒋经国在当日的日记中写道："父亲近曾经密考虑引退问题，盖以在内外交迫的形势下，必须放得下，提得起，抛弃腐朽，另起炉灶，排除万难，争取新生。"

1月6日，蒋介石总统府。

蒋介石疲惫地坐在椅子上。蒋经国走了进来。

"父亲，杜聿明那里一直没有消息，看来凶多吉少。长江以北看来难以维持，退守长江能行吗？"

"长江也难守住。"

"那整个大陆岂不落入共党之手？"

蒋介石猛地睁开眼睛："不能轻易撒手，我们还有百十万军队，就让他们在大陆和共军打好了。台湾，只要有一些海、空军就可以守住。不过，如果李宗仁能同中共和谈，拖到四五月份长江汛期来临时，中共再想渡江就很困难了。"

蒋经国自苏联回国后，一直跟在蒋介石的身边，但他仍觉

得往往不能理解他的这位父亲：在内战中已经输掉了几百万军队，现在即将下野成为一介草民，可却仍然对国民党的未来抱有希望。

"即使共军几个月不过江，长江就能守住吗？"蒋经国忍不住问道。

蒋介石似乎来了精神，他边踱步边说："5月份之前共军若不渡江，则受长江汛期的影响，势必只能等到10月份以后。而到那时，我们的长江防线就会很坚固了。同时，我们后方的几个编练司令部还会提供100多万的新军来加强江防。到那时，江南、江北，我们就能与中共平分秋色了。"

蒋介石的求和声明一发表，立即遭到中共的迎头痛击。1月5日，新华社发表了《评战犯求和》的评论，对蒋介石企图利用和平谈判来保存反革命实力的阴谋进行了无情的揭露。张群得到电文稿后，立即赶来晋见蒋介石。

张群进来后说："总统，中共新华社对您的新年文告发表了一篇评论，听说是毛泽东亲自撰写的。"

"毛泽东写的，什么题目？"蒋介石问道。

张群欲言又止，犹豫着不说。蒋经国见状接过了电文稿，等他一瞥见题目，顿觉着舌头在嘴里打转，也觉得难以开口。

蒋介石催促道："说呀！"

张群战战兢兢地小声回答："《评战犯求和》。"

"什么？"

"毛泽东写的评论的题目是：《评战犯求和》。"

听到"战犯"二字，蒋介石直想骂娘。想了想，还是忍了下来，尽力平静地说："胜者为王，败者为寇，不足为怪。经国，念念，看看毛泽东说些什么？"

"为了保存中国反动势力和美国在华侵略势力，中国第一号战争罪犯国民党匪帮首领蒋介石在今年元旦发表了一篇求和的声明。战犯蒋介石宣称……"

念了一会，蒋经国抬头看了看其父亲，见他没有多大反应，便继续往下念："'军队有确实的保障'这是买办地主阶级的命根，虽然已被可恶的人民解放军歼灭了几百万，但是现在还剩下一百几十万，务须'保障'而且'确实'。倘若'保障'而不'确实'，买办地主阶级就没有了本钱，'法统'还是要'中断'，国民党匪帮还是要灭亡，一切大中小战犯还是要被捉拿治罪。"

……

"我们早就说过，蒋介石已经失去了灵魂，只是一具僵尸，什么人也不相信他了。"

听着毛泽东写的评论，蒋介石表面没露声色，但他心里却似打翻了五味瓶，不是个滋味。他对毛泽东的嬉笑怒骂很是气恼，默默地在心里骂道"娘希匹!"同时也为毛泽东在评论中，把他自己的想法一一点破而感到既钦佩又愤恨。

看来，中共是不可能与蒋介石对话了。无奈，蒋介石于1月8日令行政院副院长兼外交部长吴铁城亲自出面，照会美、英、法、苏四国，请求出面调停。经过数日的期盼，等到1月12日，得到的美国政府答复是："在此情势下，由美国政府出面调停，实难相信可达到任何有益的结果。"

白崇禧见蒋介石发表元旦文告后，却仍赖在总统的位子上不走，于是采取进一步联共倒蒋的计划。

在这种情况下，蒋介石深知，要和谈，他就必须下台。如果自己在总统的位子上再赖着不走，桂系很可能要采取军事行动，实施"局部和平"。一旦"局部和平"搞成，桂系将退出武

汉，将长江中下游开放给解放军，那时整个局面就不可收拾。蒋介石曾大骂桂系："共产党只要我的命，桂系既要我的命，又要我的钱！"事情逼到这个地步，加之蒋介石也希望出现一次和谈的机会，以摆脱国民党军事上的困境，争取时间进一步强化长江防线，实现"划江而治"，蒋介石这才最终下决心"引退"，下野。

蒋介石迫于国民党内外交困的局面和政治上、军事上的强大压力，不得不借口"因故不能视事"而"引退"，由桂系代表李宗仁任代理总统，与共产党"和谈"。

1月21日，蒋介石在总统府召开国民党党、政、军要员参加的紧急会议。上午10时，百余名达官云集蒋介石官邸。会场一片沉寂，气氛极为凝重，少了平时的喧嚣。

蒋介石首先讲话，他的语调极为低沉，充满了悲伤。他对目前的局势作了分析后，说道："在军事、政治、财政、外交皆陷入绝境，人民所受痛苦亦已达到顶点之时，我有意息兵言和，无奈中共一意孤行到底。在目前情况下我个人非引退不可，让德邻（李宗仁）兄依法执行总统职权，与中共进行和谈。我于五年内绝不干预政治，但愿从旁协助，希望各同志同心合力支持德邻，挽救党国危机。"

蒋介石说话期间，众人中已有人黯然流泪，大有兔死狐悲之感。等蒋介石刚一讲完，谷正纲、陈庆云、何浩若、洪兰友、张道藩等竟然失声痛哭。

谷正纲猛然起立忍泪疾呼："总统不应退休，应继续领导我们，与共产党作战到底！"

蒋介石摇摇头："不可能了。我决心已下。"

说罢，蒋介石从公文包中拿出一张事先拟好的文稿，递给

李宗仁并说:"我今天就离开南京,你立刻就职视事。这是一份我替你拟好的文告,你来签个字罢。"

在四周一片呜咽声中,李宗仁瞄了一眼文稿,就不假思索地在上面签上了名字。他哪曾想蒋介石在此时对他还留了一手,为他布好了一个陷阱,仅仅是一个"代理总统"的名分。

大家见蒋介石下野已成定局,也就不再争执了。

待蒋介石宣布散会时,李宗仁忙起身,恭敬地问道:"总统什么时候动身,我们到机场去送行。"

"我下午还有要事处理,起飞时间未定,你们不必送行了。"说着,蒋介石向门口走去。

这时,老态龙钟的于右任突然从人群中走出,喊道:"总统,总统!"

"什么事?"蒋介石停下了脚步。

"为和谈方便起见,可否请总统在离京之前,下个手令把张学良、杨虎城放出来?!"

蒋介石不耐烦地把手一摆,"你找德邻办去。"

离开总统府的蒋介石,驱车来到中山陵,一步一步地爬上高高的台阶。

面孔严肃的蒋介石久久地站在孙中山陵前。

下石阶的途中,蒋介石边走边对身边的人说:"今天我们在军事上虽然失败,但是只要我们知耻,发奋图强,前途还是大有可为的。因为,我们还有长江以南广大地区,比在黄埔时的基础好得多。希望大家发扬革命精神,团结起来,一定可以转败为胜。"

告别中山陵,蒋介石驱车来到明故宫机场,乘飞机去杭州。在飞机起飞后,蒋介石让驾驶员绕南京城上空盘旋一周。望着

机翼下古老的石头城，蒋介石似乎才从"金陵春梦"中醒来。然而，此时已经太晚了，蒋介石已经没有机会再回到南京。

蒋介石虽然"引退"，但仍以国民党总裁的身份继续总揽大权，幕后操纵指挥，他的灵魂依然在南京上空徘徊。

为防大权旁落，蒋介石在"引退"前后对重要的人事作了调整，由他的亲信汤恩伯任京沪杭警备总司令，加强长江下游的防御；陈诚为台湾省政府主席兼省警备总司令、蒋经国为国民党台湾省党部主任；朱绍良为福州绥靖公署主任兼福建省政府主席；张群为重庆绥靖公署主任；余汉谋为广州绥靖公署主任、薛岳为广东省政府主席。蒋介石在"引退"后，以国民党总裁的身份，总揽军政大权，积极扩军备战。为此，蒋介石还在溪口老家安装了7部大功率电台，对全国实施遥控。同时还拟定了一个庞大的扩军计划，准备用3～6个月，在长江以南扩编训练250万新兵，企图与中共作最后较量。

4月15日，中共代表团提出《国内和平协定》最后修正案，以4月20日为最后期限，要南京国民党政府表态。南京政府的右翼要员们认为《国内和平协定》是无条件投降的条件，叫叫嚷嚷地拒绝签字。白崇禧公开叫嚣："只要中共坚持渡江便不能接纳议和。"李宗仁与蒋介石在杭州举行会议，宣告"和谈破裂，政府今后唯有继续作战，党内不许再倡议和"。

牵线木偶难作为

　　李宗仁代理国民党政府的总统后，虽然想有所作为，实现和谈，但由于自身思想摇摆不定，又没有实权，加之蒋介石的左右制约，他如同牵线木偶一样难以有大的作为。

　　1949年1月21日下午，李宗仁自从从蒋介石的住处回来后，一直在其客厅里来回踱步。他深感肩头有千钧重担，背负着国民党的兴衰存亡。

　　李宗仁是打着"和谈"旗号上台代理总统的，他希望能通过和谈保住国民党政府的地位及保存残余的军事势力，实现"隔江而治"，并借以扩充桂系势力，因而展开了"谋和"活动。1月22日，李宗仁公开发表文告，声称"政府工作目标在集中争取和平之实现"，"中共所提八个条件，政府愿即开始商谈"。27日，李宗仁又致电毛泽东，再次表达了这一愿望。继而又委派秘密使者和"上海人民和平代表团"访问北平（今北京），并宣布取消全国戒严令，释放政治犯，将各"剿匪总司令部"改名为"军政长官公署"等，表现出一副和谈的姿态。

　　但令李宗仁始料不及的是，国民党的后院频频起火。行政院长孙科于2月间擅自把行政院迁到广州。南京顿时成为半真空

的无政府状态，李宗仁成了光杆司令。蒋家王朝四分五裂，形成一国三公的局面：代总统在南京，政府机构在广州，总裁在奉化。

2月20日，李宗仁不得不"南巡"广州，对孙科等人施加影响和压力。迫于李宗仁等国民党主和派要人的压力，孙科内阁不得不于3月初迁回南京。3月10日，李宗仁下达命令，由何应钦取代孙科出任行政院院长。

"府院之争"虽然平息，但此时的蒋家王朝，恰似一间就要坍塌的破房，四面透风，摇摇欲坠。李宗仁犹如一个裱糊工匠，尽管他在极力裱糊，但破房烂屋毕竟再也经不起风雨的侵蚀。

李宗仁虽然从心底里想"挽狂澜于既倒"，但他不过是一只秋后的蚂蚱，老天爷给他展现其雄才大略的时光太少太少了！

李宗仁的"小算盘"是：只要能与中共和谈下来，解放军暂不过江，就可形成划江而治的局面；而只要能保住江南半壁河山，局势就有转变的可能，不仅美国政府可能改变其对华政策，就是过去亲蒋介石的人都有可能转变态度，这样桂系就可以取得美国和国民党内绝大多数人的支持，造成和美、压蒋、对共的政治局面！

一旦拿定主意，李宗仁就派黄启汉、刘仲华二人于1月23日从南京飞往北平。当时，人民解放军尚未进城，27日中共北平市副市长徐冰将黄、刘二人接到颐和园，叶剑英与之谈话。黄、刘称：李宗仁交待，他所设想的和平无非两种，一是局部和下来，与中共并肩作战，消灭蒋系；二是在八项条件下里应外合，实现全面和平；而李的计划是想等蒋介石离开，最好是出国后，等他真正拿到政权后再与中共言和。

周恩来认为他们的"谈话是有政治内容的，且有文章可做，

ZHONGWAIZHANZHENGCHUANQICONGSHU

即有分裂反动统治内部，使李宗仁、白崇禧转向毛主席八条方针，反蒋反美，与黄埔嫡系实行火并，以利我各个击破的文章可做"。

因此，周恩来于2月1日复电指示叶剑英等要刘仲华立即飞返南京，面告李宗仁："如其果有反蒋反美、接受毛主席八项要求的真意，即应迅速与蒋系分裂，逮捕蒋之嫡系将领如顾祝同、汤恩伯、俞济时、陈大庆及特务头子毛人凤、郑介民、叶秀峰、郭紫峻、毛森等人，方能站稳脚跟，进行和谈。如果李宗仁、白崇禧确愿在行动上有反蒋反美的表示，刘仲华仍可来平，并携带密码呼号与叶剑英接洽，以便建立联系。如李宗仁、白崇禧托黄启汉、刘仲华转告之言，纯系骗局，则中共便无此余暇与之敷衍。"

桂系虽然继续"联共倒蒋"，但考虑到南京没有桂系部队，李宗仁没有胆量逮捕中共所提到的那些人。李的打算是先分化南京的政治力量，争取一部分军队为其所用，然后再有所作为。

李宗仁不断派人走马灯似的与中共联络，无非是想尽快叩开和平谈判之门。

2月4日，与陈毅在苏北有过交往的李明扬和南开大学教授李颖初秘密渡江北行，在淮阴向陈毅等人介绍南京的情况。

2月6日，以张治中、吴裕后为首的南京政府代表团乘飞机到达北平，提出了他们的主张："第一，主张利用蒋李矛盾；第二，另立新政府，不如通过和谈接收旧政府，以便利用中央权力对蒋系进行讨伐并得到国际承认；第三，和谈成功，长江中下游地区都可解放，解决蒋系更加容易；第四，和谈策略应注意轻重缓急。"

2月14日，以邵力子、章士钊等为首的上海和平代表团到

达北平。他们的观点是使革命带上温和色彩，南北议和，承认中共领导，排斥蒋系，容纳桂系及江浙资产阶级。为达此目的，邵力子和章士钊再三强调中共多少应有所让步，以免美国援蒋到底、装备日军来华参战及桂系被蒋拉去。

毛泽东对与国民党和谈多次，均以国民党的破坏而终止的历史记忆犹新，因此毛泽东对与国民党和谈本不抱什么希望，这时看到蒋桂裂痕有机可乘，认为如果南京、上海、武汉、太原等地能按和平进程解决，对人民倒不是一件坏事，因而指示有关部门可以与桂系代表进行接触。

但是毛泽东对邵力子等人抬出美国和桂系吓人颇为反感。2月19日致电林彪等参加会谈的人员："在以后的谈话中，你们应痛骂美帝国主义和日本帝国主义，特别要当着章士钊的面骂日本，说如果美国人装备日本军队侵略中国，我们必须并完全有把握彻底干净歼灭之。美国在中国的走狗必须肃清，绝不许其存在。"

毛泽东在西柏坡经过与邵力子等4人的两天谈判，达成8点秘密协定：一、中共和南京政府派同等数量代表在石家庄或北平谈判；二、谈判方式要绝对秘密及速议速决；三、谈判以中共1月14日声明及所提八条为基础；四、一经达成协议，南京政府与中共共同克服可能发生之困难；五、迅速召集新政协，成立联合政府；六、南京政府参加新政协及联合政府之人选，由中共及民主人士与南京政府商定之；七、南方工商业按照原来的环境，依据中共城市政策，充分保障实施；八、有步骤地解决土地问题，一般先进行减租减息，后行分配土地。该秘密协定仅交给李宗仁。

24日下午，邵力子等人回到北平。他们为自己终于敲开了

和谈之门而兴奋不已。

经中共中央同南京政府协商决定，中共方面派出以周恩来为首席代表，林伯渠、林彪、叶剑英、李维汉、聂荣臻为代表的中共代表团，南京方面派出以张治中为首席代表，邵力子、黄绍竑、章士钊、李蒸、刘斐为代表的国民党政府代表团。

李宗仁给南京谈判代表规定了对中共和谈的腹案：关于战争责任问题不应再提；双方军队应分批逐年在各驻地区域内自行整编；国共双方以同等名额的人员参加政治协商会议与联合政府，第三方面人士的名额，亦于双方区域中各占其半；在双方开始谈判之前，双方就地停战。与此同时，南京政府同意重订宪法与相应变动法统；原则同意没收官僚资本与改革土地制度；同意依独立自主的精神和平等互惠的原则，就过去对外签订的条约进行审查，如有损害国家领土主权者，应予修改或废止。

与蒋介石元旦求和声明相比，该腹案确实有了很大进步，但与中共八条相比仍有相当的距离。中共要求桂系与蒋决裂，站到人民的一边，但桂系有自己的"小九九"，中共八条要求南京政府无条件投降，而这一腹案却旨在追求划江而治、"平等的和平"。由此可以看出，谈判还未开始就已经决定了其失败的命运！

更为可悲的是，李宗仁让张治中带着和谈腹案到浙江奉化溪口去见蒋介石。得到蒋介石的基本同意后，南京代表团才乘飞机北上。

代表团满以为周恩来等一定会到机场迎接，场面一定会十分热烈。然而，他们下飞机后，整个机场冷冷清清，没有重要人物到场迎接他们。当他们住进六国饭店后，又看到"欢迎真

和平，反对假和平"等标语。

在晚宴上，周恩来严肃地质问张治中：为什么在离开南京前要到溪口去见蒋介石？张治中赶紧解释：蒋介石虽然下野了，但实力还掌握在他的手上，找他摸个底，才好进行和谈，另外也为了劝他出国。

周恩来说，不管怎样说，此事只能说明蒋介石还在幕后操纵指挥，说明你们不是真和平，这种由蒋介石导演的假和平，我们是不能接受的。在毛泽东看来，中共与南京政府的谈判实际上是与桂系谈判。只要能把桂系拉过来，和谈就算成功。既然国共和谈的本质是联桂反蒋，李宗仁派张治中去见蒋介石，中共方面就不能不怀疑桂系与蒋介石决裂的决心乃至对和平的诚意。

双方以中共中央提出的八项和平条件为基础，自4月1日起在北平开始谈判。双方代表围绕是否惩办战犯和解放军是否过江发生激烈争论。南京代表团为寻求"体面的和平"，提出"和约不要像个投降文件"，认为如果中共坚持惩办战争罪犯，和谈就失去了前提；解放军过江就只能是意味着战争。

既然双方要求相去甚远，和谈也就变得毫无意义。然而，此时毛泽东对联桂反蒋还未失去信心。因此确定谈判的总原则是：同意解放军过江，什么都好谈；要抵抗，那是不行的。4月3日，毛泽东还建议国民党代表团派人员回南京，设法请李宗仁、白崇禧到北平来谈判。但李宗仁和白崇禧却认为，求和态度不变，但反对解放军过江。他们认为，只要解放军过江，他们划江而治的企图就成为泡影。

他们甚至认为，桂系与蒋系的矛盾小于与共产党的矛盾。在蒋介石的统治下他们还能生存，还有自己一定的政治地位，

ZHONGWAIZHANZHENGCHUANQICONGSHU

而解放军一过江，桂系部队连同自己的政治命运将会彻底完蛋。因此，李、白为维护划江而治的底线，坚持反对解放军过江。然而，为阻止解放军过江，他们唯一的办法就是尽量拖延时间，等待雨季的来临，江水上涨，靠老天爷来阻止解放军过江，造成事实上的划江而治的政治局面。

在谈判中，中共力争以和平方式解决国内问题，对南京政府做了许多宽怀大度的让步。毛泽东在惩办战犯问题上做出让步，答应可以不在和平条款中提出战犯的名字，以减少南京代表团的困难。并说和谈方案由中共先草拟，拿出方案后谈判就容易了；将来签字，如李宗仁、何应钦、于右任等都来参加则更好。

4月10日，毛泽东起草了中央军委致渡江战役总前委并告刘伯承、张际春、李达、粟裕的电报："我们和南京代表团的谈判已有进展，可能签订一个全面和平协定，签字时间大约在卯删（4月15日）左右。如果此项协定签订成功，则原先准备的战斗渡江即改变为和平渡江。因此渡江时间势必推迟半个月或一个月。关于江水情形究竟如何，推迟渡江时间有何不利，望即告，以便决策。"

当日，总前委给中央军委发电报告："顷据曾希圣等说：他们在长江边驻数年，每年阳历五月初开始涨大水，而且五月的水比七、八月还大，两岸湖区均被淹，长江水面极宽，届时渡江作战将发生极大困难。同时现我百万大军拥挤江边，粮食、柴草均极困难，如过久推迟，则必须将部队后撤就粮、就柴草。所以我们意见，只有在能保证和平渡江的条件下，才好推迟时间。否则亦应设想敌人翻脸，大江不易克服时，准备推迟至秋后过江。……按目前部队准备情况，立即渡江把握颇大，先打

过江，然后争取和平接收更为有利。究应如何，请核夺。"他们强调了天时、地利，机不可失，时不再来。

根据总前委的上述建议，中央军委次日致电总前委："依谈判情况我军须决定推迟一星期渡江，即由十五日渡江推迟至廿二日渡江。"

为使和谈取得成功，在长江汛期即将来临、我军渡江将面临更多困难的情况下，中央军委又多次电示总前委推迟了部队的渡江时间。

12日下午，国民党代表团返回南京的人员回到北平。根据他们所讲的情况及李宗仁、白崇禧的态度，毛泽东决定不再与桂系作无谓的周旋了，立即把非正式谈判——个别交谈转到正式谈判。13日晨，周恩来将已经拟好的《国内和平协定（草案）》交给南京代表团，并通知当晚9时举行正式会谈。

国民党首席代表张治中一口气将草案看完后，第一个感觉是这个草案在国民党顽固分子看来，不啻是"招降书"、"判决状"，与他们"划江而治"、"平等的和平"之主观幻想相差十万八千里。

当晚，张治中率全体国民党代表赶到中南海勤政殿。周恩来对草案作了说明，张治中提出了修改意见，双方同意再作会外协商。会议于当晚23时55分结束。

此时，长江开始涨水。总前委和粟裕一再向军委建议，渡江时间不宜再从22日向后推。

解放军渡江南进，完成解放全国的大业，是中共中央和中央军委坚定不移的既定方针。在和平谈判期间，中共中央和中央军委力争和平渡江，但对谈判破裂的可能性也作了充分的估计，一再向渡江部队指出，和平谈判丝毫不应影响渡江的准备，一切工作仍需加紧进行，以便在谈判破裂时，能一举突破长江防线。

4月15日，毛泽东为中央军委起草了致总前委、第二野战军、第三野战军指挥员的电报："和平谈判以四月二十日（卯哿）为限期，本日即向南京代表团宣布，彼方是否签字，必须在该日以前决定态度，该日以后我军即须渡江。"又强调："你们接到此电，请立即准备好，于廿日（卯哿）确定攻占安庆、两浦以外的一切江北及江心据点。勿误为要。"

当晚7时，周恩来代表中共代表团将《国内和平协定（最后修正案）》提交给国民党政府代表团。解释说，南京政府代表团提出40多条修改意见，中共为表明和谈的诚意，采纳了20多条。并郑重宣布，签字的最后期限为4月20日，并说这是最后的一个文件。张治中立即问道："所谓最后的文件，是不是可以理解为最后的通牒？是不是只许我们说一个对或者不对？"周恩来表示这是中共最后的态度。

"也好，干脆！"张治中说。

事已至此，张治中只简单地发表了一下个人的意见和感想，会议匆匆结束。南京代表团决定派出两个人回南京向李宗仁汇报。

16日晚，李宗仁、白崇禧等在南京听取了谈判代表关于谈判情况的报告。随后，李宗仁派出张群携带《国内和平协定（最后修正案）》到溪口向蒋介石请示，并与何应钦等一连数日在总统府开会研究。

蒋介石看完《国内和平协定（最后修正案）》后大骂："文白（张治中）无能，丧权辱国！"

4月20日晚，中共得到李宗仁、何应钦的复电，不同意在

《国内和平协定》上签字，并反对渡江。

21日，中国人民革命军事委员会主席毛泽东、中国人民解放军总司令朱德发布了《向全国进军的命令》，并严正地指出：国民党方面"拒绝这个协定，就是表示国民党反动派决心将他们发动的反革命战争打到底。拒绝这个协定，就是表示国民党反动派在今年1月1日所提议的和平谈判，不过是企图阻止人民解放军向前推进，以便反动派获得喘息时间，然后卷土重来，扑灭革命势力。拒绝这个协定，就是表示南京李宗仁政府所谓承认中央八个和平条件以为谈判基础是完全虚伪的。"

谈判破裂后，周恩来在北京饭店召集各党派、团体和民主人士代表参加会议，作了《关于南京政府拒绝和谈及时局的发展》的报告。会后，与会代表纷纷表示：中共所提和平方案，条件非常宽大，南方人民将更清楚地看到谁是谁非，并希望人民解放军早日解放全中国。

李宗仁未能在和平协定上签字，走错了一步棋，但蒋介石也并不能容他，后来李宗仁不得不远去异国他乡漂泊。出于爱国热忱，并在中共统一战线政策的感召下，李宗仁毅然排除险阻，远渡重洋，于1965年7月回到祖国的怀抱。在回国声明中，他说："1949年我未能接受和平协议，至今犹感愧疚。"

汤白加紧布江防

1949 年 1 月 25 日，在蒋介石的老家浙江奉化溪口镇，已经通电下野，但却以"总裁"自居，没有放弃国民党军权的蒋介石，正在会见国民党军界的 3 个主要人物：国防部长何应钦、参谋总长顾祝同、京沪杭警备总司令汤恩伯。

蒋介石身着长袍，坐在那里正在进行长江防务的部署："长江防线分为两大战区，湖口以西由白崇禧指挥，湖口以东，"蒋介石眼睛看着汤恩伯，停顿了一下说，"由汤将军指挥。"

"是！"汤恩伯立即起立答道。

蒋介石继续说："京沪杭地区的作战方针是：以长江防线为外围，以沪杭三角地带为重点，以淞沪为核心，采取持久防御方针，最后坚守淞沪，与台湾相呼应。"

"总裁放心，我明白！"汤恩伯答道。

顾祝同说："总裁英明，守淞沪比守整个长江容易得多，我们有优势的海、空军从台湾支援淞沪，和共产党军队长期周旋是没有问题的。"

"只要我们守住淞沪，第三次世界大战就有可能打起来，那时美国将会大量对我们进行援助，我们就可以进行反攻。"何应钦面带喜色地说道。

"我们的估计不能太乐观，不过麦克阿瑟曾经表示，只要我们再坚持一年，美国一定会全力来援助，因为目前美国正在国内做动员工作。"蒋介石考虑了一下，转过头对着汤恩伯说："你的江防计划就不必告诉健生（白崇禧）了。"汤恩伯明白，老蒋的意思是不让李宗仁插手长江防务事宜。

3月下旬的一天，汤恩伯在南京召集军长以上人员举行江防会议。

何应钦首先宣读了蒋介石的亲笔信，大意是说：我已离开，中央尚有200万军队，这是党国的基石，希妥为爱护。念完信后，何应钦说："总裁虽然暂时离开，但仍在惦记着我们，大家应当好好努力。第三次世界大战必然爆发，美国会继续援助我们，京沪地区必须保住。"

"刚才何部长说了，大家应该明白，我们只要守住长江就有办法。你们大多数都是黄埔军校的学生，都是总裁的学生，希望大家不辜负校长的栽培，努力地工作，只有消灭共产党，才有光明的前途。"顾祝同在何应钦说完后，补充了几句。"下面还是请京沪杭警备总司令汤恩伯将军给大家讲讲。"

"外面都在传言和平，这些都不可靠，我们是军人，绝不要轻信和平，应当加紧备战。长江自古是天险，我们又有强大的后备力量，对确保江南具有坚强信心。我们不但要对共军所说的4月份渡江有准备，而且要做好反攻的准备。如果他们4月份不来，我们就有可能于5月份渡江北上反攻！"汤恩伯说了一通后，又说："下面请各位发表高见。"

第一绥靖区司令官丁治磐首先接过话题，他说："长江作为天险，并有许多坚固的要塞，共军要想强渡湍急的长江，只会

导致葬身鱼腹。假如共军要在江阴渡江，一定会被我们全歼；就是共军渡过了一二十万人，那也起不了作用，因为我们有强大的空军和海军，可以在长江截断其后续渡江部队，并在战斗发生后1小时左右就可以将我们集结在京沪杭各交通要点的装备优良的部队，利用所有的铁路、公路以及水道迅速运至主要战场，在飞机、兵舰、装甲车、战车等的协同下运用'火海战术'，歼灭渡过长江的共军。"

"我们一定要守住长江，才能扭转局势。长江虽然是天险，但要是没有善于指挥的指挥官和精干的部队，还是不行。蒙古马性烈善走，要没有善于骑术的人，就不能发挥这些马的长处；长江江面再宽，水流再急，如无精兵固守，也是枉然。今天的形势对我们来说，是生死的关键，守江各部队，绝不能麻痹大意，这个任务交给丁司令官，交给各位，我是放心的。"汤恩伯接过丁治磐的话说。

首都卫戍总司令官张耀明说："我们军队近来之所以老打败仗，其原因不在于将领指挥无方。我们在座的将领，哪一位不比共军的将领见多识广、学识渊博。共军的将领有许多没有文化，不识几个大字，他们能打败我们，主要的原因是因为我们的下级官兵不争气。"

"是啊！现在的兵难带啊！"一些军长、司令官们纷纷附和着。

张耀明又接着说道："总裁在没有离开我们之前，曾对我们训示说过：'我们官兵之所以打败仗，是太不注意军容风纪，部队军容不整，像叫花子一样，换防的部队在南京大街上雇挑夫脚力运粮草，到处拉马粪，这样叫外国人看不起我们。以后换防的部队，不许通过城内。'我们的官兵太不争气了，要是这样

下去，打不过共产党，将来我们会死无葬身之地。"

"张司令，你说的这些算什么，还有比这更严重的呢！我们军队有逃兵，有叛军，还有共产党的地下党！"

……

说起这些，每个人似乎都有说不尽的话题，可以无休止地议论下去。

顾祝同见此情形，生怕再议论下去会影响军心，助长失败情绪，忙说："这些问题我们以后会逐步解决的，现在大家还是谈谈江防的对策。"

家是安徽无为的装甲兵司令说："我家乡来人告诉我，共军收集了很多夜壶，说是预备摆在船上，放入灯油灯草点灯照明，以备渡江之用。"他的话音未落，引起了一片哄堂大笑。

海军司令桂永清感慨地说："不可轻视共军，他们诡计多端，必须加以防范。我们海军倒不怕他有灯，怕的是他偷渡长江。"

"长江自古天险，曹操、符坚等都渡不过来，何况没有海军的共产党？除非他们是天兵天将。"国防部次长秦德纯带着蔑视的口气说。

联勤副总司令张秉钧接着说："我们应该先研究一下，沿江守备的兵力究竟怎样。据我所知，现在每个师平均人数不到5000人，再以三分之一的力量直接部署在前沿，即在江边散开，以便直接用火力阻止共军在江上活动，其人数约需1500人，再除去连营预备队，则真正担负江防任务的每个师人数不足1000人，这样怎能守得住？"

作为担负首都卫戍任务的张耀明来说，他担心如果长江守不住，南京很快就会面临解放军的直接攻击，因此他说："还是

采取直接部署为好，不要留预备队，全师都散开在江边，形成宽大正面和纵深，并加强工事设施建设，以抗击共军渡江。"

而汤恩伯内心考虑的则不在于南京能不能守住，蒋介石曾经面授机宜说，南京是李宗仁的天下，让他垮掉。所以汤恩伯根本就不想为守备南京赔上他的精锐部队。汤恩伯说："在非重点方向可采取直接部署，因为这些地方兵力少而防守的正面又宽，但在重点方向，像南京，可采取间接部署，控制强大的预备队，乘敌人半渡而歼其主力。现在的关键是把共军的主攻方向弄清楚。"

"对，先判断一下共军的主攻方向是否在瓜洲、扬中方面。"顾祝同表示赞许。

国防部第二厅厅长侯腾站起来报告说："根据各种情报分析，共军的主攻方向就是在瓜洲、扬中方面。"第三厅厅长蔡文治接着报告："根据共军活动征候，其主渡方向应在荻港，换句话说是在南京上游而不在南京下游。因为，荻港渡江容易，一旦渡江以后可以从繁昌、宣城直下长兴、嘉兴，将我军的主力席卷到常、嘉、沪三角地区。这样，对于共军十分有利，对我们是最痛苦的。而且我军主力若被困在常、嘉、沪后，所有江西、浙江的大门都敞开了，可以任由共军纵横。我军绝不能这样指导。依卑职的意见，不如控制主力于芜湖、宣城、郎溪一带，尔后随战况退守浙赣铁路沿线，才能逐次抵抗，使敌不能一举深入，还能配合华中白崇禧部作一次最后胜负的决战。"

……

此时，汤恩伯手中共有 21 个军和一些保安、警察部队，有海军 2 个舰队、空军 3 个大队，总兵力约六七十万。不过，他知道这些部队大部分战斗力较弱，能战者甚少。21 个正规军，战斗力较强的仅有第 4、20、28、52、55、58、68、75 等 8 个军，其他一些军均在过去的作战中受到重创，有的甚至是被全歼后重新组建的部队，士气低落，萎靡不振，不堪一击。

汤恩伯明明知道自己所掌握的部队的情况，但他过于迷信长江天险，受他的情绪影响，参加会议的将领们都认为守住长江是不成问题的，共军是渡不过长江的。因此，会议进行了一天，大家都越来越相信长江防线固若金汤。

汤恩伯看看时间也差不多了，再讨论下去也没有什么新招，便抬手禁止大家再发言，说道："下面我宣布江防作战计划。部署如下：淞沪警备司令部！"

淞沪警备司令部司令陈大庆立即从座位上站立起来，接受命令。"你部的防区为白茆口、昆山、青浦、嘉兴、嘉善、浦东之线，以有力的一部守备金山卫、奉贤、南汇，特别是警戒上海市区。"汤恩伯以严肃的口气命令道。

"是！"陈大庆回答了一声坐下。

"第一绥靖区！"丁治磐应声而起："到！""你部防区为白茆口至镇江与南京间的桥头镇，应确保福山、江阴、镇江等各据点的安全。当共军从镇江、南京段正面渡江时，应以机动部队突击予以歼灭；如不能奏效，则由镇江沿公路及铁路逐次进行抵抗，退至上海，加强整个淞沪的防御。"

"是！"

汤恩伯环视一下，目光盯住了第 6 兵团司令官李延年，"第 6 兵团！"李延年站起，"你部主要确保浦镇、浦口的安全，使南京不受共军炮火威胁。"

接下来，首都卫戍司令部司令张耀明，第七绥靖区司令张世希，第 8 兵团司令刘汝明，第 17 兵团司令侯镜如，海军第二

舰队司令林遵等人，一个个站起来，受领了汤恩伯下达的任务。

按照蒋介石的指令和亲自确定的长江防御部署，汤恩伯指挥 25 个军共 75 个师 45 万人，在湖口至上海间 840 千米的长江防线上部署江防，他把 18 个军用于担任长江防线的守备任务，把 7 个军配置在浙赣路和浙东等地的战略纵深，执行支援江防和机动作战任务。白崇禧指挥 15 个军共 40 个师 25 万人，在宜昌至湖口间 1000 千米的长江防线上部署江防，他把 13 个军用于担任长江防线的守备任务，把 2 个军配置在长沙、南昌等地的纵深地区，执行支援江防作战任务。

蒋介石把长江防线的重点放在汤恩伯防区的江阴以西、南京以东地区，在这里部署了重兵集团。

汤恩伯、白崇禧受命后，组织部队和大量民工加紧进行江防战场准备，抢时间构筑江防工程、补充兵员、筹措作战物资。

蒋介石企图利用长江天险，依托由陆、海、空军建构的立体的长江防御体系，借助美、英军舰的助威和支援，阻止人民解放军渡江。

丁顾二人猪拱猪

丁治磐是国民党军负责长江防务的京沪杭警备总司令部下属的第一绥靖区的司令官，并兼任国民党江苏省主席。顾锡九是第一绥靖区副司令兼所属的第123军军长。按照道理，顾锡九应该服从丁治磐的调遣和节制，可顾锡九仗着他是国民党军参谋总长顾祝同的堂弟，京沪杭警备总司令部司令官汤恩伯任师长时，他是其下属的营长，两人还有一段亲密的交情，因此他并不把丁治磐司令官放在眼里，既经常不服从指挥，又时不时地进行顶撞，甚至处处设置障碍。

一次，顾锡九听说丁治磐在仪征第4军的地盘上出了洋相，竟连续几天兴奋不已。那次，丁治磐视察他统领的第4军，来到了仪征。由于是前线，因此家家闭户，景象十分荒凉。加之丁治磐到达时，当地的地方政府和机构未组织人员来欢迎，丁显得有些不高兴。

丁治磐的随从见此情况，便找机会低声告诉陪同视察的第4军副军长李子亮："我们司令官平时爱与老百姓谈话，你叫人去找些老百姓来见见司令官。"

李子亮立即派人办理此事。过了一会儿，在丁治磐视察的

路上出现了5个老百姓，他们按照预先招呼好的说了一套恭维话，什么"丁主席关心人民疾苦，爱民如子"，"驻军纪律严明，秋毫无犯"等。丁治磐听了十分高兴，连连向陪同他视察的第4军军长王作华说："好，好!"

当他们来到城门附近的街口时，看那里又聚集着一群妇孺和老头，约有六七十名老百姓，只见他们高呼着欢迎的口号。丁治磐见了好不高兴，频频地摆手示意，回答道："你们辛苦了!"随后便口气和缓地问道："驻在你们这里的军队好吗?"

这一问，老百姓顿时鸦雀无声，过了好一会儿，一个老太婆大胆地用手一指并开口说："那个茅棚里住的老总把我的棉被抢走了。"

"是吗?有这种事?"丁治磐客气地问道。

"有啊，有啊!这样的事还不少呢。"很多老百姓抢着回答。

"我家的门板给老总搬走了。"

"我家仅有的一口做饭的锅也被大兵们弄走了。"

"我家仅有的两只鸡也被老总们抢走了。"

一时间诉苦声、控诉声、哭声，声声不绝，有的还一边说一边号啕大哭，弄得丁治磐左右为难，走也不是，停也不是，无法下台。最后，丁治磐只得尴尬地说："老婆婆不要哭了，大家不要再说了，我叫王军长查明实情，争取尽快把东西还给你们。"

丁治磐忍住愤怒，尽量放平口气回过头来对王作华说："王军长，真有这等事吗?还没打仗你们就胡搞，赶快给我查清楚，给老百姓进行赔偿。"

欢迎活动不欢而散。

顾锡九讨厌丁治磐由来已久，其主要原因是认为丁挡了他的"官道"。1948年底，顾祝同命令国民党江苏省主席丁治磐兼任第一绥靖区司令官，让其资历还不够的堂弟顾锡九任副司令官，其目的是想要丁挂个名，好让顾锡九掌握实权。可没想到丁治磐把所有权力都握得死死的，不给顾锡九一点权力，弄得顾锡九实则是挂个虚名。虽然顾锡九一时无可奈何，却在骨子里嫉恨他的这个顶头上司。

顾锡九当然不满意这样一个有职无权的空头副司令，便央求顾祝同把江苏省保安第1旅改编为182师，把保安第2旅改编为308师，这样勉强拼凑起6个团的架子。顾锡九借口自己有了部队，便要求顾祝同"恩赐"他一个123军的番号，他也就顺理成章地兼任了第123军的军长。

顾祝同让他的堂弟如愿以偿，可是当顾锡九接到第123军军长的任命时，他还是觉得自己是"大材小用"，因此赖在南京迟迟不动身。

汤恩伯知道后，亲临顾锡九家中，劝顾锡九"不要计较个人得失，先把第123军军部建设好，物色好接班人，以后将成立上海外围兵团司令部，兵团司令的位置非老弟莫属"。

顾锡九得到兵团司令位置的许诺后，十分高兴，立即动身前往第123军的驻地常熟，收容残部，扩大队伍。他把苏北逃往江南如皋、东台等县的保安团，补充给182师和308师，又把徐继太的暂时纵队改编为334师，把陈邦豪的暂时纵队改编为暂编7师，把收容的江北各县和江南常熟、太仓等县的地方团队，改编为暂编8师。这样一来，第123军表面上拥有了5个师。顾锡九把这5个师分别驻防在苏州、昆山、太仓、常熟等县，进行整训，尔后担负起江防的任务。

1949年3月28日，顾锡九从南京受领任务回到常熟县后，

立即召开了作战会议。他在会议上对 5 个师的师长、副师长和参谋长们叫嚣："共产党没什么可怕的，国军在东北、华北和淮海战场上，不是被共产党打垮的，而是我们自己不争气，军与军之间，兵团与兵团之间，互相闹成见，不团结，大家互相看笑话，这样就给共产党创造了机会，弄得整个国军不堪收拾，怪谁呢？本军有浩浩荡荡 5 个师，还有地方团队，只要大家团结一致，万众一心，共产党就是插上翅膀也休想飞过长江。"

顾锡九站起来，指着长江防务图问大家："你们都判断一下，共产党军队可能由哪些地方偷渡长江呢？"这些师长们大都是杂牌军首领、乌合之众的头目，哪里懂得这些，大家你看着我，我看着你，面面相觑。军参谋长张锺秀只得开口说道："江阴乃长江进出口之咽喉，一旦失守，南京等地兵舰失去作用，京沪肯定会人心大乱，所以我认为，江阴是共产党必争的渡江点。"

顾锡九说："共产党和我们搞了这么多年，没有公开地攻击过一个坚固的阵地，都是从人们所不注意的地方来搞。江阴要塞工事坚固，东有我们第 123 军，西有第 51 军，后方交通便利，你们不要把共产党估计得过高了，我不同意这个判断。"

善于见风使舵的陈邦豪师长见此情景赶紧说："我认为，共军很可能会在丹阳附近渡江，因为这一带江面不宽，沙洲少，最适合民船活动。共军若在这里登陆成功后，可以立马进入山冈地形，便于活动；而我军摩托化部队则因交通不便，难以补给……"

"对！"顾锡九同意地说道，"刚才陈师长的分析有理有据，分析得当。参谋长！"

"到！"

"按照这个设想，尽快整理一份作战预案，直接报汤总司令官，不必报丁治磐。散会后，请大家到我的寒舍去参观参观。"

这天晚上，顾锡九请各位师长、副师长、参谋长到他的公馆吃晚饭。大家一进顾锡九的公馆，都十分吃惊。因为这座公馆确实十分富丽堂皇和奢华，到处雕龙画凤，金碧辉煌。虽然他早已把老婆、孩子安排到台湾去了，但顾公馆内仍然是热闹非凡，到处都是妖艳女人的身影。原来顾锡九从来就没有少过女人，今天又专门请了10多位女人来陪这些高级军官。

晚宴十分丰盛，晚饭后还专门安排了舞会。顾锡九等人吃了跳，跳累了接着吃，一直折腾到深夜。丁治磐事后知道顾锡九的所作所为后，专门向汤恩伯和顾祝同告状，说顾锡九目无上级，国难当前醉生梦死。但他知道，这个状是告不倒顾锡九的，因而只得暗地里骂娘，心想有机会我再好好地收拾你这个王八蛋！

百万雄师齐备战

滚滚长江汹涌澎湃,一泻千里。

1948年底,人民解放军的数十股人流浩浩荡荡向长江挺进。战士们边走边议论,七嘴八舌,说什么的都有:"这回蒋介石算是叫咱们打趴下了,所以才要求和谈。"

"指导员说了,蒋介石表面上下台了,换了个李宗仁,暗地里却在拉部队,想在3个月到半年的时间,编400个师,再来与我们干。"

"说干就干,马上打过长江去,干他个窝底朝天!"

"打到南京去,活捉蒋介石。"

"听说十个黄河也抵不上一条长江,'长江无风三尺浪,有风浪三丈'。"

"所以听上级说,到江边还要准备准备。"

"是呀,我听说长江有八十里路宽,水有几十丈深,轮船开过将江水划成一条深沟,一个钟头也合不拢!"

"江无底,海无边,秤砣落地得三天嘛!"

"听说江猪非常厉害,不仅吃人,成群结队还能把船拱翻!"

"说是江里还有九里十三矶,船撞上就沉!"

"难怪当年曹操八十三万大军都过不了长江！"

对于一些消极的议论，尤其是谣传，各级领导都抓住不放，及时纠正、消毒，以防影响部队士气。

经过长途跋涉，部队来到了江边。当时的长江江面上白浪滔滔，却看不见一艘渔船；江边一带杳无人烟，荒芜的田野中布设着道道铁丝网，村庄的断墙残壁均成为野战工事的护墙。这就是1949年初解放军到达长江边之前，长江及其两岸的景象。

人民解放军要渡过长江，困难确实太多了。首当其冲的有以下几个方面：一方面是官兵要会游泳。部队中有很多北方的战士，他们大都不识水性，更没有水上作战的经验，怎样才能使他们熟练地进行水下作战，是摆在各级指挥员面前一个严峻的现实问题。另一方面是缺乏渡江的工具。国民党军队南逃时，为了防止解放军过江，把能搜集到的船只都带到江南去了，即使能从内湖里找来一些渔船，能否经得起长江中的大风大浪呢？

1000多米宽的大江，部队乘船到了江中，怎样组织指挥和协同作战，也是部队面临的难题。

为了使战士们尽快掌握游泳的技能，部队进行了广泛的教育，告诉战士们"只有在渡江中能够保存自己，才能使部队能够跨上南岸消灭敌人"。早春的沿江地带，乍暖还寒，江水冰冷刺骨，但战士们练兵热情很高，为了能在渡江中充当突击队员，不管是阴雨绵绵，还是阳光普照，无论是年轻力壮的小伙子，还是年岁较大的老战士，大家都不顾刺骨的寒风，只穿一条短裤，成天抱着一块门板，日日夜夜地进行训练，在凉冷的水里上下扑腾，不少人冻得连话都说不出来。经过短时间的战前训练，北方的"黑旋风"变成了"浪里白条"，"旱鸭子"变成了"混江龙"。

一天，某团团长李长林和政委李宝奇到湖边视察部队训练情况。只见自告奋勇要求第一批下水的有某连二班长张应堂，团长和政委都知道，这是个典型的北方大汉，过去连大河都没见过。

李宝奇政委喊道："张应堂。"

"到！"

"你这个不会水的人，这样下去不觉得危险吗？"

张应堂挺起胸膛回答："有了这家伙，"他拍了拍腰间的三角形竹制救生圈说，"我的胆子更大了，一点也不觉得危险。"

站在一旁的连队副指导员说："报告政委，第一批下水训练的战士，都是曾经要求过几次才得到批准的。他们都说'旱鸭子'要变成'水鸭子'，就必须首先敢往水里跳才行。"

说话间，只听见"扑通通"，十几个战士一起跳下水。竹制的救生圈果然效果很好，只要两臂搭在上面，人就不会下沉，用手划水就可以前进。几个会水的小伙子还尝试着利用救生圈举枪射击。他们游累了就利用救生圈休息一会，在水上荡来荡去。岸上的人一见竹制救生圈确实管用，都高兴地跳了起来："成功啦，成功啦！"

张应堂在水里转个身，也高兴地向团长、政委喊道："首长，行啦，行啦！"正叫着，忽然一个小浪打来，呛得他连喝了几口水，满脸憋得通红。

政委关心地问："上来休息一下吧？"

他连连摇头说："没啥，不喝几口水咋能过长江。"说罢双手用力划着向远处游去。

"政委，我们到观察哨去看看。"团长李长林对李宝奇说道。

"好！走吧。"

部队到达江边后，为了进一步熟悉长江南岸的地形和敌情，建立了许多观察哨，勘察地形，观察敌情，辨别敌人的地堡、火力点，计划着将来的登陆点和发展进攻的方向。

团长和政委到达一个观察哨时，听到几个战士正在议论：

"你看，这长江的浪还没有黄河的猛嘛，江面也不过三里宽，有什么了不起的!"

"是啊，什么长江、长江，我看也不过是一条大河。"

战士们指手画脚地在那里议论着。

"同志们，怎么样，能打过长江吗?"李宝奇政委问这群可爱的小伙子。

"报告首长，没问题。"

"黄河没有挡住我们，长江也休想挡住我们。"

"团长、政委，现在我们都成了'水鸭子'，希望首长早点下命令，我们也好早点尝尝长江水的味道。"

"哈，哈，哈……你瞧这些小子。"李宝奇笑着对团长李长林说道。

4月9日，刘伯承等总前委领导向第三野战军和第二野战军第4、第5兵团各军通报："我十二军渡江演习以廿斤稻草捆绑成圈试渡成功。因其面积小，又能露出胸部，战士们在渡江时尚可射击。稻草圈浸水十二小时，仍可使用。现正试以三个草圈连成品字形，以便互助小组协同前进……"

14日，张震将第10兵团在内河试验成功的救生圈通报第二野战军：

"甲、用九斤至十斤蒲芦苇或小麦秸，扎成一个一米三至一米五长之三角形（后一角须加一细棒），中间加一五十厘米圆圈（用布裹住正合适腰粗）。为增加抗力，草把圆圈应较人身体稍大些，缚于三角内，使用时使身体置于草圈中央。

乙、以火油箱两只，用绳布捆扎于腰部。

丙、以五个猪水泡吹充气，勾结于腰间。

丁、以油布（美式油布最好）缝成车轮胎形圈袋（较人身体较大些），内部塞满乱稻草（最好睡过）并藏空气，将圈袋套于人胸部。

戊、以毛竹筒四个（每个一竹节）勾结于腰间（毛竹筒是去竹青皮，较轻，浮力大），试验结果，其浮力会浮水者能托一支机枪射击，不会水者能托一支步枪射击，浮水面与人之胸部，运动自如。

上述各材料易取且廉，也易制，轻便好带，现该兵团正普遍自制使用。"

一段时间以来，百万大军分散在江北的河湖沟塘里，从清晨到深夜，到处都是人声鼎沸，水花翻腾。官兵们学游泳，练射击，练登船，练抢滩，练组织，练指挥；负责撑船的战士们练撑篙，练掌舵，练划桨，练抛锚……

为了搞好登陆协同作战，各部队纷纷组织训练、演习。通过一段时间的训练，各部队的作战能力有了很大提高：

有的部队3分钟内就全副武装地登船完毕。

在长枫港的演习中，只听一声令下，百船齐发，小船轻捷如飞，大船稳行疾驶。岸上设置的假目标一出现，只看机枪扫射，步枪点射，不一会全部目标均被命中。在岸上参观的部队和群众鼓掌叫好。

经过半个来月的训练，百万大军成为了一支熟识水性、擅长水战的"水军"了。

为了寻找渡船，各部队纷纷派出人员，向渔民们宣传共产

党、解放军的政策，号召人民支援解放军渡过长江，解放长江南岸广大的受剥削、受压迫的人民，消灭国民党反动派，推翻压在中国人民头上的"三座大山"。

4月初的一天，第二野战军第3兵团第11军的军长曾绍山和政委鲍先志，听说在玉板洲的夹江里，发现许多沉船，他们马上赶到了江边。

此时的天气依然很冷，尤其是阵阵江风吹来，令人浑身发抖。只见战士们不顾江水的冰冷，纷纷跳入水中从江底打捞沉船。经过数日的打捞，20多条被敌人破坏十分严重的沉船被捞了出来。每只船一捞上来，就有一些战士围住进行修理。渔民们得知消息，扛着桅杆、绳索、篷帆、桨舵、锚具等从四面八方赶来，有的甚至来自几十千米以外。

他们激动地握着解放军的手说："大军同志，船是我们渔民的命根子，可恶的国民党都把我们的船沉到江里去了，你们不顾寒冷帮我们捞上来，还进行修理，你们真是人民的好队伍！同志啊，我们真是感激不尽哪！来，来，来，大家一起帮忙，把桅杆装上，把桨舵安好，帮助我们的恩人渡江。"

经过一段时间的努力，船只陆陆续续地找到了一些。但是，要想迅速渡江，最大限度地减少在江中被动挨打的局面，以最快的动作扑上南岸，必须想办法提高船速，缩短航行的时间。可是，渔民们的这些风帆船，仅靠一张帆、两支橹，顺风驶得快，逆风难行进。

在部队召开的"诸葛亮"会上，官兵们纷纷献计献策。有的人提出：要想提高速度，把这些风帆船改装成用机器操纵的轮机船不就行了？这个想法，立即得到了部队首长的赞同。可是，设想再好，关键在于落实。

指战员们白天黑夜地出主意，想办法。负责改装任务的战士整天蹲在船上，摸索着如何改进船的推进装置。铁路工人出身的战士樊瑞来揣摸出一种加快航速的推进器：用4块长约3尺、宽约3尺8寸的木板做成水叶子，套成十字形，在船面上装一个前卡子和后卡子，把十字架的轴钳在里面，两端各装一个木摇把，人坐在舱里面摇，既可以隐蔽身体，又可以加快航速。这个设想很快得到了上级首长的赞赏和全力支持。

樊瑞来看到自己的想法得到上级的高度肯定，异常兴奋，他没日没夜地干着，在3个木工师傅的帮助下，经过两昼夜的苦干，就把一个取名为"新式推进机"的装置成功地安装在一条木船上。

下水这天，吸引了各级首长前来观看。效果果然不错，速度提高了许多。大家提了一些改进的想法，又听取了一些老渔民意见，经过几度改进，结构更加稳定和完善，航速提高到每小时7千米，估计横渡长江最多只需20分钟。

樊瑞来对渡江作战作出了重大的贡献，为此他受到上级的褒奖。

经过部队的努力和群众的支持，船只基本准备就绪，但新的困难又摆在面前：搜集到的众多船只，不能停在长江里，只能隐蔽到内湖塘里。这些地方一般距起渡点有5千米。有的内湖塘与长江不通，即使与长江相连的，也被国民党军队炮兵将入江口锁定，只要一发现船只就实施封锁。船只不能通过与长江相连的河道，就只能翻过高大宽阔的江堤。这成为令各级官兵十分忧虑的问题。

按照一般人的思维方法，就是想办法将大船从陆地运到江堤下，然后再翻过大堤，滑到江里去。但是，众多的船只每条重几百斤，在陆地上拖运 5 千米，还要翻越两道几丈高的江堤，不但耗费人力、物力，时间上也不允许，而且在陆地拖拉距离过长，对船只损坏过大，更何况这种人力密集型的行动，极易被敌空军发现。

经过多番征求意见，走访了众多渔民，最后觉得较好的办法是"劈开江堤修引河，使船能够顺着引河直接进入长江"。于是，浩大的开挖引河的工程昼夜兼程地开始了。

官兵们以忘我的劳动和惊人的速度，多条引河齐头并进，展开了不是比赛的比赛。鸭儿沟的疏理畅通工程，就是最好的证明。

鸭儿沟是一条长 50 米的小河沟，沟口通过江堤处有道小闸门，早年曾经引进过江水。要想让船只通过这条干河沟入江，必须将河沟加宽挖深，把江堤下的闸门挖大，但却不能劈断江堤，暴露目标。为了隐蔽军事目标，工程只能在黄昏后实施。每当傍晚，这里是一片人海。官兵们一镢头一镢头地挖着河道，一寸一寸地挖着大闸门。

为了更好、更快地完成任务，轮到休息的战士都不愿下去，争取再挖几镢头；抬土的战士肩膀压得又红又肿，但每次都把土压得紧紧的、垒得高高的；负责锯木桩的战士，手上都磨出了血泡；为了提高速度，班与班、排与排、连与连、营与营之间展开了激烈的竞赛。

兵团和军、师的首长到江边看地形时，都被战士们的干劲所感动，劝战士们休息一下。可是战士们却说："首长，突击队的老大哥日夜泡在水里练兵都不嫌累，我们流点汗算啥！"

开挖到第三天时，沟底起了水，泛起了黑色的泥浆。老天爷也好像要考验一下我们的战士，下起了雨。就这样，雨水、

汗水和泥水把官兵们弄得个个透湿，但大家并无半点畏缩，照样兴高采烈地在泥水里战斗。有些战士干脆脱掉了上衣，还打趣地说道："咱来洗个冷水澡！"到了深夜，天冷水凉，即使能喝上几口酒，牙齿还是止不住上下打架，但是官兵们仍然顽强地坚持着。

江堤的结构是一层泥一层沙，经常出现眼看就要挖成时，哗啦一下塌下来。官兵们塌一次修一次，不懈地努力着。后来改进了方法，把整个河道挖成上宽下窄，两边还铺上竹篾和席子，然后打上木桩，这样就不容易滑坡和坍塌了。

每当夜里，对岸敌人偶尔打来几声冷枪。国民党军队的军舰，白天黑夜里耀武扬威地在江面行驶。战士们看在眼里，恨在心里，"别他妈的猖狂，过不了几天，这江面就不是你们的天下了！"

为了防止被敌人发现，江堤并没有完全劈开，只是在下面挖了个像城门洞一样拱形的大洞，用一些木板盖上，再覆盖上树枝、草皮和土，远远望去，简直和原来一模一样。战士们从白天到黑夜，整整干了13天，终于把狭窄干涸的鸭儿沟修成了一条宽阔的大引河。

经过百万大军的共同努力，官兵们学会了游泳，筹集到了船只，改装了船只的推进装置，并解决了把船只运到起渡点的方法，只等一声令下，起航，"打过长江去，解放全中国"。

民工百万齐支前

中国人民解放军是人民的子弟兵，全心全意为人民服务是这支军队的唯一宗旨，他们是为人民的利益而战斗的，因此得到了人民的拥戴。人民解放军打胜仗，与人民群众的支援是密不可分的。陈毅元帅曾经在淮海战役结束后说过一句非常经典和生动的话："淮海战役的胜利是人民群众用小车推出来的。"这句话准确地形容了人民军队与人民群众这种血与肉、鱼与水的紧密关系。

百万大军渡江作战，需要数量极大的粮秣军需和航渡工具，以及疏河、修路、开辟渡场等项规模巨大的工程保障。在中共中央华东局和中原局的统一领导、周密部署下，保障百万雄师过大江的大规模的支前工作，在华东、中原大地轰轰烈烈地展开了。由于在战役准备中充分依靠群众，实行大力依靠民力的方针，在地方各级党政机关和广大人民群众的大力支援下，完全达到了"要人给人，要船给船，要粮给粮"的要求，做到了全力（全部人力、物力、财力）支前，全面（满足人民解放军的一切物质需要）支前，全程（从战役准备至战役结束）支前，从而为渡江战役的胜利奠定了基础。

淮海战役结束之后，当华东野战军、中原野战军正在进行休整，准备渡江时，参战支前的数百万民工顾不得鞍马劳顿，立即转入了支援解放军渡江南下的支前工作，整个工作紧锣密鼓地展开了。

早在 1949 年 2 月中旬，一些地方政府就发出了支前工作的通知。通知要求："由于庞大主力很快进入境内，全面的后勤工作即将开始，如担架、运粮、运草、购办油盐菜蔬、带路送信、洗衣做鞋等，将要同时进行，故各县须立即全面动员组织，推动所有力量，投入这一伟大的争取全国解放的甚至是最后一次的大后勤任务。"对此，华东支前委员会专门制定了《收复京沪支前计划》。该计划非常详尽地对粮秣、交通、人力、财政以及支前工作中的组织领导等几个方面作了非常具体的规定。

在粮食方面，华东支前委员会从预测入手，算了一笔非常精细的账："华东野战军全部及随军常备民兵、民工、机关及可能的一部分俘虏在内，预计 100 万人，如连同中原野战军在内，以 150 万人计算，每人每日需加工粮 1 千克，每月需粮 4.5 万吨，从阳历 2 月起以后以 5 个月接薪计算，共需粮食 22.5 万吨。"

当时中国的情况是这样的：农业生产水平比较低下，加之连年战争，农民生活本身已经非常艰苦和困难，所以征集如此大数额的粮食是一个非常大的难题，这困惑着地方各级政府机关的领导同志。为此，华东支前委员会精心制定了 5 项政策：

一是根据各地土地改革工作发展程度的不同，分片划分区域，按照公平合理的原则，向人民群众进行征借。

二是按地区贫富、土地肥瘦及每人所均有的平均亩数，酌情考虑每人除去半亩或一亩基本土地外，按余地计算负担。

三是每亩征借最低 5 千克，最高 10 千克，不再累进，每斤粮食附征烧柴 1 千克。

四是必须照顾到比较贫困的穷人穷庄，适当减轻其负担；而对于个别粮食富裕的地主富农，可多进行征借，但必须使他们的粮食能保证吃到新粮登场。

五是在征借的方法上，必须进行深入的政治动员，发动和组织群众自觉交粮，避免强迫摊派。

从上面的政策我们可以看出，即使在当时因战争需要大量粮食的情况下，各级政府的工作想得很细，避免给农民增加过重的负担。

江北人民提出："人民解放军打到哪里，我们就支援到哪里。"华东支前委员会在人力准备方面，组织了 22 个担架运输大队，每个大队编 3500 人，担架和挑子各 500 副，共计约 77000 人，担架和挑子各 11000 副。这些担架运输大队大都以队为单位配属给各个军，主要担负前送后运任务。预计服役时间为 6 个月。此外，还将 16 个民兵团分别配属给各野战兵团、支前机构和地方党委，主要担负警戒和巡逻等任务，保卫重要目标的安全。

在华东支前委员会和中共安徽省委的统一领导下，在合肥、蚌埠设立了办事处，沿途设立了兵站及集结地，建立了 4 条补给线。安徽、湖北、河南的人民群众组织起来为部队架桥、修路，在部队进军途中设立了招待站，还组织了随军渡江的民工团。仅在合肥、六安至安庆的路上，就有数十万浩浩荡荡的民工像海潮似的日夜赶送军粮。皖北人民首先提出了"要粮有粮，要人有人，要船有船"的口号，竭尽全力支援渡江作战。从这个意义上说，人民解放军是人民群众"送"过长江的。

为了进一步加强组织和协调，搞好支前工作，总前委决定将华东支前委员会与江淮支前司令部合并，成立华东支前司令

部，统一组织领导渡江作战支前工作。专门任命傅秋涛为司令员，宋任穷任政治委员，曹荻秋为副司令员，陈丕显任副政治委员，梁竹航任秘书长。

统一后的华东支前司令部组织了两个办事处：派张劲夫、黄岩组织第一办事处，任命张劲夫为办事处主任，黄岩为政治委员，暂驻合肥，必要时向前推进，带1500名干部及2个民兵团，开展江淮分区及皖西地区的支前基地各项工作；派万金培、谢晖组织第二办事处，以万金培为主任，谢晖为政治委员，暂驻安徽滁县，带1000名干部及2个民兵团，开展江淮一、四分区的支前基地的一切工作。

在各级党委和政府的号召下，民工们积极行动起来，整个支前工作卓有成效地进行着。如有两支民工部队，35天往返700多千米，共挑运弹药30000千克，转运伤员538名。在此期间，他们曾经有半个来月未吃到菜，连续四五天不动烟火，仅吃些干粮充饥。他们经常日行百里，又多在雨天、夜间行动，但自始至终情绪饱满，干劲十足。

一时间，只看见成千上万的民工，推着小车、赶着牛车、抬着担架、挑着挑子、背着背架，浩浩荡荡地跟着大军向南前进。

华东军区为第三野战军动员了77000名民工、16个子弟兵团随军支援作战，另有332万名临时民工负责运粮、修路。靠广大民工的支援，调运到4.5万吨粮食和数量充足的油、盐、蔬菜、草料、马料等。先后协同铁路职工修复了宿县及东葛、蚌埠至合肥段铁路210多千米，枞阳镇至庐江、合肥至扬州和扬州至南通主要公路干线达2000多千米，修复桥梁近千座，架设淮河浮桥10多座，并沿公路、铁路架设了长途电话线，构成了通信联络网，保证人民解放军作战指挥、部队开进及后方保障的需要。

动员船工、筹集船只，是确保部队顺利渡江的先决条件，而船只的筹集工作是准备工作中最具有关键性的一环。

第二野战军第4兵团及所属各军，针对长江北岸船只大部分已被国民党军溃逃南岸时破坏或劫走的实际情况，在南进途中就确定由副军长和政治部主任负责，抽调干部与地方政府工作人员一起，着手抓紧动员征集船只的工作，并制订了必要的政策规定，如损坏赔偿，对船工和水手适当补贴救济等，从而调动了船工们的积极性。同时，还组织出动部队广泛征集、攻打内湖等地的土顽，迫令其交船。仅第15军就派出了5个团协同地方政府动员征集船只。在人民群众的热情支持下，不到20天就征集到大小船只748条，训练水手1400多名，一次可保证运送1万人。

第5兵团的16军不畏艰苦，翻山越岭，涉足方圆数百里，踏遍了沟沟壑壑，向群众做工作，很快筹集到大小船只331条。虽然有不少损坏的船，但经过努力很快修补好，可以使用了。

第3兵团为了迅速搞好船只征集这件事，一方面会同地方党委和政府制定必要的政策，向旧的保甲和船主动员征集；另一方面，组织由各师主要领导和机关有关部门参加的"船舶管理委员会"，负责船只的筹集、修补、登记和管理，以及船工的动员教育、战斗编组和生活安排。通过宣传我党我军的政策和耐心细致的思想动员工作，激发了船工们的阶级觉悟，不少渔民献出了自己藏起来的船，许多水手自告奋勇报名支前当船工。在10天之内，就征集、修补船只337条，动员船工2725名。

但有些船主由于吃过受骗上当的亏，对生人的话不轻信，而他们因经常跑江湖，比较重感情，讲义气，喜欢交朋友，爱

办光彩事，愿听大官讲话。针对这种特点，有的军长、政委亲自出面与船主谈话，讲大道理，号召他们参战立功。第三野战军专门印发了《渡江船工光荣证》，有的军还印了《船工立功证》，有力激发了船主、船工的积极性，打消了船主们的思想顾虑。船主们主动把隐藏在内湖芦苇荡中的船只交了出来。

第三野战军第 9 兵团明确宣布：船工及其家庭的生活，由部队按制度供给，船工每天发粮 1 千克，家属大人 1.5 千克，6 岁以下小孩 6 两（1 千克＝20 两）；伤者给予治疗，工资照发；残疾者，跟部队人员一样，发给荣军证；牺牲者，给予抚恤，安置其家属；船打坏了，坏多少赔多少。

后顾之忧解除后，许多人争着报名当船工，有的主动把隐藏在湖里的船只交给部队，把沉入河底的船打捞上来，更多的群众积极协助部队打捞、修补船只。

第三野战军共征集到船只 8000 多条，平均每个军达 500 条，还征集到 19000 多名船工，从而达到各兵团一个批次就可以运载 1 万多人。

许多师团领导还邀请老字辈的船工帮助部队出点子，营连干部主动上船和"船老大"交朋友，将船工安排在突击连队，与干部战士同吃、同住、同训练，亲如兄弟。对有特殊贡献的船工，给他们立功、授奖、送喜报，给船工家中送粮、送菜，给患病的船工家属看病、送药。部队的爱民行动，深深地感动了广大船工。

敞开衣襟的船工们，摩拳擦掌地说："有我们在，就有船在，不把你们送过江，还算什么闯江湖的汉子！"他们纷纷立保证，传技术，出主意，决心与子弟兵同舟共济，把部队送过长江去。

为了支援人民解放军渡江，男女老少齐上阵，出现了许多动人的故事：49 岁的韩大奶奶，自报参加渡江第一线突击船队；17 岁的渡江女英雄王凤英，为了参加突击抢渡，甚至与自己的亲哥吵了起来，最后终于如愿以偿。

人民群众以实际行动，为部队架桥、修路、送水、送饭。在部队的进军路上，数十万支前大军肩挑、手推、人抬，把大批粮食、柴草和弹药、辎重源源不断地运往部队集结地区。有的群众甚至把自己仅有的粮款都拿出来支援前线。

民工支前和运输的工作量非常大。以安徽省为例，中共安徽省委曾动员服务半年的担架 3000 副，服务 3 个月的挑工12000 人；仅六安、桐城两地就征收了 5 万吨大米。为此，刘伯承司令员非常激动地说："沿江各民众省出了自己的食粮给军队吃，他们的贡献极大，感人极深。"据不完全统计，从 2 月至 4月底，仅舒城、六合（六安、合肥各一部分）、霍邱 3 县和六安、三河两市，就完成粮食征集 2780 万千克，钱 1000 多万元；舒城、霍邱两县及三河市还支援食油 6 万多斤，食盐近 100 吨，军鞋 5 万多双；霍山县支援毛竹 50 万根。另外，汽油、弹药、服装等物资，也都是依靠地方民工向前线转送的。仅舒城就组织临时民工出工 91 万多人次的劳动日。

渡江战役结束后，仅在苏北地区的 36000 名支前民工中，就评出了 12785 名功臣。其中特等功臣 72 人，一等功臣 130 人，二等功臣 1321 人，三等功臣 11051 人。此外，还有 225 人在执行支前任务中光荣负伤，有的甚至牺牲了自己的生命。因此，邓小平在给毛主席的报告中特别指出："江北各地党政和人民的努力支前，特别是皖北新区尽到了超其本身能力的努力，尤属值得赞扬。"

过江蛟龙查敌情

人民解放军要想渡过长江去，解放长江南岸的人民，就必须清楚地了解国民党军队的工事设置、兵力部署等防御情况。正所谓："知己知彼，百战不殆。"

但是，要想查明敌情，除了靠长江南岸的地下工作者传送一些情报外，更主要的还是靠组织小分队过江侦察。俗话说，不入虎穴，焉得虎子。但是，在国共两军之间，不仅有地雷、铁丝网等障碍物，而且还有一条汹涌的长江，江水咆哮，江面宽阔，毫无遮挡，要想渡过江去进行武装侦察谈何容易。

人民解放军第 27 军 79 师，在总前委要求加强对敌人江防情况进行侦察的指示下，专门组织了一支小分队，首先对长江之中的黑沙洲进行一次试探性的侦察，以积累经验，为下步的侦察奠定基础。

小分队的分队长由侦察英雄、副排长齐进虎担任，再加上 4 名战士，共 5 人组成。师首长明确他们的任务是到黑沙洲侦察敌人的江防设施，摸清敌人的兵力部署，最好能抓回一个俘虏，即"舌头"。

黑沙洲位于芜湖以西、荻港以东，是长江江心中的一个岛

屿，面积约四五平方千米，是敌人江防的第一线阵地。据了解，岛上驻有国民党军一个连，构有大量的工事，特别是岛两侧的火力点，直接控制我军渡江的必经航线。所以，必须彻底搞清岛上敌人的兵力部署和火力配系，如果不能在大部队渡江前拔除这颗钉子，肯定会给渡江的大部队造成重大的损失，后果将不堪设想。

在一个风雨交加的夜晚，小分队悄悄地乘船出发了。天黑、风大、雨急、浪高，挡不住勇敢的侦察小分队。江水哗哗啦啦地作响，伴着小分队的划桨声。到了下半夜，担负警戒任务的国民党军队哨兵困得直想打瞌睡，其他敌人在地堡里蒙头大睡时，小分队偷偷地上岸了。

齐进虎他们望着黑暗中模模糊糊的一个连一个的地堡，他们决定摸进地堡中去。齐进虎命令两名战士负责警戒并负责守住船只，自己带着宋协义、王林芳朝敌人地堡群走去。

当他们摸索着前进了200多米时，突然江边停船的地方响起了枪声。"糟糕，出事了！"齐进虎心想，赶紧扭头往回跑。没跑几步，齐进虎"咚"地一声将一个人撞倒，他以为是跟在后面的宋协义，赶紧叫道："老宋，快起来！"

"混蛋！什么老宋，连你们的连长都听不出来了？赶快到江边去，共军他妈的过江了。"跌倒的人一边骂，一边爬起来。面对到处都是敌人的局面，他们暂时不能暴露自己，齐进虎他们赶紧越过敌人，向江边冲去。因此，敌连长还没等看清撞倒他的是谁，齐进虎他们已经回到了江边。可江边的情景令他们从头凉到脚。小船已经划出去很远一段，岸上的敌人还在放枪。

齐进虎他们三人待了一会儿，周围都是敌人，只好站在雨水中伪装成敌人。好在天很黑且下着大雨，相互之间要不仔细

看，根本看不清是谁。敌人以为登岛的解放军已经随小船离开了，故并没有留意身边这三个人。

"回去吧！"敌连长一声令下，敌人陆陆续续地返回了。齐进虎他们三人也随着敌人往回走，边走边思索对策："只要还有一口气，就要把岛上的设防情况搞清楚。当务之急是寻找一个安全的地方暂时隐蔽下来。"想到这里，齐进虎拉了拉他们两人的衣袖，假装停下解手，等敌人都走过去后，他们冒着风雨，朝岛的东北角摸去。

走了一会儿，走在前面的王林芳突然转过头来，低声告诉齐排长："排长，前面有一间小房子。"

宋协义警觉地问："会不会有敌人？"

三人立即停止前进，进行观察。齐进虎认真地观察了一阵后说："估计不会是敌人。这是一所孤独的小房子，目标很明显，便于我炮兵进行目标锁定，防护能力又差，敌人肯定不敢住，走，我们去看看。"

三人悄悄地摸到房子前，听到里面传来一阵轻微的呼噜声，断定有人住在里面。他们轻轻地敲门，房子里的呼噜声顿时止住了，过了好一会儿，才传出一位老大爷颤抖的声音："谁呀？"

"大爷，我们是解放军，是咱们穷人的队伍，是来解放黑沙洲的。"齐进虎轻声地回答。

过了好一会儿，房门"吱"的一声开了，老大爷把他们让进了屋内。等老大爷关上门，并用棉被将窗户挡住以后，随着一个闪光，一位老大娘（显然是老大爷的老伴）将油灯点着了。两位老人用疑惑的眼光，望着面前的这3个全副武装的军人。

"你们是干什么的？"老大爷问。

"大爷、大娘，我们是解放军，就是当年的新四军。"齐进

虎回答。

"新四军，那可都是好人啊！"

"是啊，我们就是新四军。"

"刚才响了一阵枪，就是你们吗？"

"是的。"

"你们打从哪里来？"

"我们从长江北岸来的，是来弄清黑沙洲的情况的，我们的大部队很快就要开过来了。"

"好啊，好啊！你们要早点过来收拾这些'刮民党'军队。"

两位老人又惊喜又害怕，他们把齐进虎三人藏了起来。白天，他们躲在老人的家里，夜晚悄悄地摸出去侦察，几天下来，他们把全岛的情况摸了个遍，掌握了全面而真实的情报。

突然，有一天，正在外面收拾柴火的老大爷匆匆地回到家中，对他们说："有几个国民党兵朝这边来了。"他们赶紧藏了起来。

不一会儿，几个国民党士兵走进了老大爷的家，朝他们嚷道："赶紧收拾东西，搬到南岸去。"

"为什么？"

"我们长官说了，共军想要打过江来，岛上要实行戒严，这座房子要拆掉，材料用来加固工事。"

"我们两个老人，还怕什么，我们不走了。"

"不行！必须走。"说着，推推攘攘地赶着老人走，他们只得简单地收拾了行李，离开了。

齐进虎他们知道房子里是待不住了，等老人他们走后，他们赶紧躲进了麦地里。麦子仅有一尺多高，为了防止被敌人发现，他们只得整天躺着。无论是刮风下雨，还是烈日骄阳，他

们只得躺着，一动也不敢动。只有到了晚上，才能站起来活动活动，肚子饿了，只能吃点油菜苔和豌豆尖充饥。

国民党军到处砍树、拆房子，加固工事。

七八天以后，由于日晒雨淋，缺少食物，齐进虎他们眼睛深陷，身上瘦得只剩一把骨头，脸色蜡黄，嘴唇干得起了血泡，饥饿、疲劳和死神时刻伴随着他们。作为侦察员，他们深深地明白：个人的生命远没有他们获得的情报重要。无论如何，要想办法把情报送回去。于是，齐进虎他们趁着夜色几次摸到长江边，想游过长江去。夜幕下的长江，黑糊糊的一片，阴森恐怖，耳边只听见惊天的浪涛声，什么也看不见。他们身体十分虚弱，没有劲，游了一会，实在游不动了，只得又游回来。

不能就这样被饿死、困死在小岛上，必须赶紧把情报送回去！

又一个漆黑的夜晚，他们在江边无意中发现一只椭圆形的大木盆，真是天无绝人之路。这种采菱捕鱼的木盆勉强可以容纳3个人。于是，他们乘着夜色，朝着江北划去。木盆在茫茫的大江中漂荡，一会儿被推上浪峰，一会儿又跌入波谷。起初他们还使劲划着水，可是难以控制木盆的方向，有时连续转好几个圈，就是不向前走。到了最后，他们仅剩的一点力气都用完了，只得任由木盆在江中漂流，他们三人也相继昏迷过去。

等他们睁开眼睛时，发现自己躺在卫生队的床上。原来是东南风救了他们，将他们送到北岸，被友邻部队救了起来。就这样，他们经过千辛万苦，终于把情报送了回来，为大部队渡江及歼灭黑沙洲岛上的敌人创造了条件。

第三野战军第8兵团的第20军参谋长廖政国亲自指挥，也组织了一支800多人的渡江侦察支队，同苏北第2军分区和该区江南工作委员会共同组织侦察指挥所。侦察人员在人民群众的掩护下，勇敢机智，灵活果断，悄悄地潜入南岸敌人的纵深，以明察暗访、捕捉俘虏等方法，查明了扬中以东沙头嘴至龙稍港段长江南北两岸40千米的敌人数量、工事设置、兵力部署、火力配系等情况，为渡江作战搜集了大量重要的情报。

人民解放军第16军到达江边后，有一天突然发现江心洲上有人活动。他们赶紧找当地群众了解，老百姓肯定地说："不是我们的人。"那会是什么人呢？如果是敌人，江心洲所处的位置对我渡江将是一个很大的威胁。于是，军长尹先炳立即将侦察班长陈友找来。陈友是第16军非常有名的侦察英雄。尹军长命令他带一个班迅速将江心洲的情况摸清楚。

经过短暂的准备，陈友带着全班趁着天黑悄悄地泅水潜入江心洲。经过搜索没有发现人，他们估计敌人可能会再来，便立即隐蔽起来。经过一段时间的观察，他们发现敌人是利用一条船有规律地来往于南岸和江心洲之间，主要是为了观察人民解放军在长江北岸的情况，以便及早发现解放军渡江的时间和地点。于是陈友带领全班战士悄悄地潜伏在敌人必经之路旁，待时机成熟后，他们突然出现，俘虏了敌军官兵8人，胜利地返航。

尹军长看到他们抓回的俘虏中还有一名作战参谋，非常高兴，要有关人员尽快地把对岸敌人的火器配备、兵力部署搞清楚。经过交代人民解放军的政策，并连夜审讯，俘虏们很快交待了不少重要情况，为人民解放军渡江奠定了良好的基础。

先遣营江南历险

随着百万雄师屯集长江北岸，第 9 兵团的第 27 军也开了过来。军指挥所就设在安徽省无为县临江坝。

一天，军长聂凤智和政委刘浩天在军指挥所召开会议。只听聂军长说："同志们，随着渡江作战任务的日益迫近，迫切需要及时准确地掌握敌人的情报，而偷渡侦察有一定的局限性。根据总前委的指示，要求我们在渡江之前派出一支部队先遣渡江，与江南地下党组织取得联系，进一步查明沿江及纵深敌人的情况及其变化，还有地形、水情及居民情况，通过无线电台不断报告。"

聂军长稍停了一下，喝了一口水后接着说："为此，军党委掂量又掂量，在百万大军渡江前夕，单独由我们军派一支武装侦察分队潜入江南，这不仅对侦察分队本身，就连我们军党委在内，都要承担很大的风险。但是，从我们多次组织偷渡侦察看，成功的把握是有的。我们经过反复研究，将实施方案一级一级上报，最后得到中央军委和总前委的批准。为此，军党委决定：由 242 团参谋长章尘同志、军侦察科科长慕思荣同志和军侦察营教导员车仁顺同志率领军侦察一、二连，以及从第 79、

80、81 师各抽调的一个侦察排，组成'先遣渡江侦察营'，先行渡江执行侦察任务，并从先遣渡江的实践中打破'木船不能渡江'的说法，从而提高部队渡江的信心和决心。"

随后召开了先遣营渡江侦察动员大会，刘浩天政委对部队动员教育、敌后纪律等问题作了指示。最后他强调指出："军党委决定：章尘同志任先遣渡江侦察营的大队长兼临时党委书记，慕思荣同志为副大队长兼临时党委副书记。你们渡江侦察是一项神圣而光荣的任务，任务十分艰巨，直接关系到全军渡江战役的成功！军党委希望你们能圆满完成任务，凯旋而归。"

章尘、慕思荣二人立即站立起来，表示自己的决心："请军首长、军党委放心，我们一定渡过长江去，坚决完成上级赋予的任务。"随后，军参谋长又专门就通信联络等事宜进行了交待。

1949 年 4 月 6 日 22 时，先遣营分两路开始渡江。

章尘率营部与侦察一连共 180 多人为第一队，分乘 20 多条小船，像把把利剑直插长江南岸。船上的战士们手握武器，全神贯注地注视着前方。船只悄悄地向南岸靠近，渐渐地，敌人的碉堡慢慢地出现在视野中，铁丝网也清晰起来……

突然，"叭，叭"，南岸响起了枪声，敌人发现了。

"全速前进，强行登陆！"章尘大声地下达命令。

战士们迅速地拿起备用的木桨和铁铲，奋力地划着水，只见一只只小船像飞镖一样快速前进。这时，炮弹在江上掀起了道道水柱，涌起来的波浪把小船冲得东扭西歪，枪炮声连成一片。大家控制着小船，克服着波涛的冲击，迎着敌人的炮火前进。

小船一只只很快靠岸了，勇敢的侦察兵们以迅雷不及掩耳

之势，扑向敌人的火力点。愚蠢的敌人在天黑的情况下，搞不清地堡外的情况，又不敢出来，只得盲目地放枪。侦察兵把几个阻碍前进的敌人地堡端掉后，打通道路，直奔敌人阵地后面的狮子山。

狮子山山高林密，层峦叠嶂，气势雄伟。山顶上有一个清凉寺，四周都是悬崖峭壁，只有南北两个隘口进出，大有"一夫当关，万夫莫开"之势。

慕思荣率领的是由侦察二连与各师侦察兵组成第二队，他们选择了另外一处登陆点。不幸的是，他们的船刚划到江心就被敌人发现了，没有办法，只得变偷渡为强行渡江。在与敌人的还击过程中，整个队形被打乱了，大部分人员趁着夜色的掩护，强行登陆，与敌人展开了激战，最后巧妙地绕开了敌人，到达了迪龙的胡家村。另外一支小部队好不容易才登上南岸并汇集在一起，他们跋山涉水、东绕西转，历尽了千辛万苦，最后还是在老百姓的帮助下，才找到了胡家村，与大部队会合。

还有一只船在江心被敌人炮火击中，3 名战士当场牺牲，4 名战士经过游泳到达对岸后，在与大部队失去联系的情况下，只得暂时隐蔽在第一个会合点——狮子山上，好不容易才与当地地下党组织取得了联系，后来经过地下党组织的帮助和寻找，才与大部队会合。还有 13 名战士在登陆后，与大部队失去了联系。他们当中，有 2 名战士被敌人俘虏，其他人员经过当地地下党组织的尽力寻找，才一一找到并归队。

但是，总的来看，27 军先遣营的渡江无疑是成功的！章尘率领第一队乘着夜色，连夜到达南陵、繁昌、铜陵 3 县交界的狮子山区后，立即占领了清凉寺，并通过电台及时向聂、刘二位首长报告了成功登陆的消息。这个消息，令正在军指挥所焦急

地等待他们消息的领导和同志们长长地舒了一口气。军首长命令他们，尽快与当地地下党组织取得联系，部队就地休整，待大部队到达后，马上展开工作。

第二天中午时分，负责在山北边隘口处警戒的一位班长，带着一个农民模样的人来找章尘。此人说，他是来送信的。章尘接过来一看，原来是张名片，正面印着："繁昌县保安团少校营长×××"，反面写着一行字："贵部是何部？往何处去？请奉告。"

原来，狮子山下住着一个国民党保安团。看来，敌人发现了山上有部队，但是从目前的情况来看，敌人并不知晓他们的真实面目。于是，章尘决定采取"磨"的战术，争取拖到天黑后再说。

于是章尘给这位国民党保安团的少校营长回了一封信："我们是第88军搜索队，前来狮子山执行特别任务，详情不便奉告。"信是写好了，最好还得盖上印章。于是章尘便问："谁带印章了？"

"我带了。"二连副指导员徐万里回答。

于是，章尘便在"搜索队队长"的名字下面，盖上了徐万里的个人印章。徐万里的印章特别大，而且是篆体字，扭来扭去的看不大清，还真像个官印。

接着，机智的侦察兵们与敌人展开了一场"特别的战斗"。他们直接把哨兵派到了半山腰的山门处，哨兵横着枪大摇大摆地在哨位上晃荡。

保安团虽然对他们犯疑，但又怕触犯了"正规军"而担待不起，只是在山头上瞎咋呼一气。机灵的哨兵们立即派出四川籍的战士，操着四川话与他们对骂，表现出国民党正规军的霸

气。保安团一计不成，又生一计，时不时放上几枪，以示警示。可是哨兵们表现出一副毫不在乎的样子，好像对这种"小儿科"的游戏不屑一顾，照样站在显眼的地方，并不撤走，也不躲避。到后来，章尘叫徐万里去震他们一下，别让这些小子们觉得我们好欺负。

徐万里假装十分生气的样子从山上下来，到达半山腰后，他大声地训斥敌人："下面的混蛋听着，他妈的！你兔崽子们放枪注意点，老子们的枪也不是吃素的。要是碰了俺弟兄们的一点皮，我让你们吃不了兜着走，叫你们营长下大狱。"

一直与敌人周旋到下午两点多钟，大部队经过一上午的休息，基本恢复了体力，吃过饭后，章尘除命令一排哨兵继续留下外，其他人员神不知鬼不觉地悄悄地从山南的隘口隐蔽撤离。

山下的敌人摸不清他们的底细，害怕真的冒犯了正规军，所以一直不敢贸然采取行动。就这样，一直僵持到天黑。天黑后，保安团更是不敢上山，赶紧撤回城里。留在山上的我军哨兵也乘机从山南边溜下山去，与大部队会合。

第三天拂晓，章尘率领的侦察第一队到达牧家亭，与慕思荣率领的第二队会合，随后又很快与苏浙皖游击队沿江支队联系上了。

就这样，在游击队的配合下，侦察营在敌后方开展了积极的侦察活动：

他们化装成国民党军，深入到敌人前沿据点及其纵深地带进行侦察。

他们捉了一个伪保长，强令他交待敌军的驻地、番号和火力配置等情况，开始伪保长交待了一些情报，但对有些情况的确不知晓，侦察兵们在彻底将其控制住的情况下，教他了一些

了解情报的办法，很快获得了大量真实的情报。

他们与游击队相互配合，很快对这一段敌人的兵力部署、指挥位置、炮兵阵地、舰艇停泊位置等及其活动规律，以及兵力调动、换防情况，敌纵深道路、桥梁等交通情况了如指掌。

很快，他们获得的情报通过电报或者直接派人传送，源源不断地送回军指挥所。这些情报，不仅对第27军，对第9兵团，而且对整个长江边的前线指挥员正确地部署兵力，进行指挥起了极大的辅助作用。尤其是他们侦察得知敌人从芜湖调一个军西移，以增强对解放军渡江正面的防御力量。这一情报具有重要价值。

在江南地下党组织和游击队的帮助下，先遣营神出鬼没地在江南开展敌后斗争，就像一把插入敌人软腹部的利刃。尽管他们称不上什么大部队，但在敌人心目中却无疑是共产党派过江来的第一支"正规军"，他们搅得敌人寝食不安，草木皆兵，对敌人在政治上、军事上、心理上所起到的震慑作用，甚至超过了这一行动直接的军事意义。先遣营在渡江战役中的功绩永远不会被人们遗忘。

总前委制定"纲要"

《京沪杭战役实施纲要》是指导渡江战役胜利的最根本的指导方针。这一"纲要"的制定，凝聚着中央军委高瞻远瞩的雄才大略，贯穿着总前委高明的指挥艺术，闪耀着全军指战员集体智慧的光芒。

解放战争进入第三个年头，即 1948 年，全国的革命形势发展很快，以毛泽东为首的中央军委洞察全局、深谋远虑，不失时机地提出实施渡江作战。

1948 年 11 月 16 日，中央军委决定由中原军区及中原野战军司令员刘伯承，华东军区司令员、华东野战军司令员兼政治委员、中原军区及中原野战军第一副司令员陈毅，中原军区及中原野战军政治委员邓小平，华东野战军副司令员兼第二副政治委员粟裕，华东野战军第一副政治委员谭震林 5 人组成淮海战役总前委。邓小平为书记，刘伯承、陈毅为常委，粟裕、谭震林为委员。

12 月 12 日，中央军委致电给负责指挥淮海战役的总前委："黄维歼灭后，请刘、陈、邓、粟、谭五同志开一次总前委会议，商好在邱（清泉）、李（弥）歼灭后的休整计划，下一步作战计划及将来渡江作战计划，以总前委意见带来中央。"

中央军委的电报还明确了渡江作战的基本作战方针：在淮海战役结束后，"华东野战军、中原野战军两军休整两个月……并大致准备好渡江作战所需诸件（雨衣、货币、炮弹、治疗药品、汽船等）及初步完成政治动员"；"然后再以相当时间，最后完成渡江的诸项准备工作，即举行渡江作战，其时间大约在明年五月或六月"；"华东野战军、中原野战军两军协力经营东南，包括皖南，苏南，浙江、福建两全省，江西一部，并夺取芜湖、杭州、镇江、苏州、南京、上海、福州诸城而控制之"；"东北我军……第一步经营湖北南部、湖南全省及江西一部，包括夺取武汉、岳州、长沙、常德、宝庆、衡州、郴州、九江、南昌、吉安、赣州在内，第二步夺取两广"。并强调指出，"上述计划，是从军事上、政治上和经济上的许多考虑出发，采取稳扎稳打的方针"。

12月17日，在安徽省萧县蔡洼村一户普通民居内外，布满了岗哨，戒备森严。离这幢民居不远的大树下，停放着几辆美式吉普车。这里原来就是华东野战军的指挥部，由华东野战军、中原野战军主要首长组成的总前委正在开会。

会议是根据中央军委的指示召开的。屋内的墙上贴着长江流域地形图，图上标有国民党军部署的基本情况，刘伯承、陈毅、邓小平、粟裕、谭震林围坐在火炉旁，形成一个圆圈，旁边坐着几位担任记录的参谋人员，正在进行紧张的记录。

会议由总前委书记邓小平主持，他以浓重的四川口音首先传达了中央军委关于"今后作战方针的意见"的电报。然后，大家除商谈了淮海战役的最后部署和部队休整、整编问题外，着重讨论了未来的渡江作战问题。

五人畅所欲言，不断地统一着思想认识，进一步理解中央军委的指示精神，并以自己的聪明才智，不断地完善并形成完整的思路，最后终于形成了基本一致的总前委的总体意见。

会后，刘伯承、陈毅两位司令员带着总前委的意见，风尘仆仆地前往中共中央、中央军委的所在地——西柏坡，向毛泽东等中央领导同志进行了汇报。

他们的意见，得到了毛泽东等中央领导的高度肯定，从而确立了渡江作战的基本方针。

刘伯承、陈毅在参加了中央政治局会议后，分别于1949年1月22日和2月11日返回了部队，渡江作战的准备工作也就全面展开了。

2月3日及3月20日，中央军委先后决定：以第二、第三野战军的7个兵团24个军及地方部队共100万人，准备于4月间发起渡江作战，歼灭汤恩伯集团，夺取京沪杭地区，为尔后向华南、中南、西南地区进军创造条件，并随时准备粉碎帝国主义可能的武装干涉。为了做好渡江准备，开辟渡江道路，可提早攻占敌长江北岸据点。

同时明确：以第四野战军第12兵团组成先遣兵团迅速南下，攻取信阳，威胁武汉，会同中原军区部队钳制白崇禧集团，策应第二、第三野战军渡江作战。

中央军委的上述决定，为渡江作战进行了战略性的部署。

在此期间的2月9日，总前委在河南商丘城里召开了一次渡江作战会议，中共中原局的领导也参加了会议。会上，经过前委们充分的讨论，形成了《关于渡江作战问题的讨论情况致中央的报告》。报告就部队渡江时间、部署、开进、出动、指挥机关移驻地址、粮弹物资供应等均带有时间性的8个方面，提出了

建议：

在渡江时间上，以在3月中旬出动，3月底开始渡江作战为最好。为什么选择3月底呢？他们认为，在政治上，此时敌人还处于混乱期间，不可能取得一致，故在军事上也可能尚在坚守沿江南岸和京、沪、杭诸城或将主力撤至浙赣路沿线方面徘徊，部署尚未完成；在季节上，4月初水小雨少，便于渡江作战；在准备工作上，虽然有些仓促，但只要前后方加紧努力，可以基本完成作战准备。若推后1个月，敌人可能在政治上和军事上有更多的准备，尤其是到了春雨桃花汛期间，渡江作战困难增大。

在战役部署上，战役突破地段选在芜湖至安庆之间。战役布势方面，由华东野战军4个兵团、中原野战军1个兵团为第一梯队，分别负责江阴至扬州地段、南京东西地段、芜湖东西地段、铜陵至贵池地段、安庆东西地段；中原野战军另2个兵团，除以1个军在黄梅、宿松、望江地段担任佯动进攻外，其余5个军作为渡江作战总预备队，在第一梯队后跟进，适时渡江钳制敌人。为保障华东野战军、中原野战军的渡江作战，建议东北野战军以3个军20万人迅速南下，在武汉附近牵制白崇禧集团。

在开进安排上，逐步将部队向长江推进，保证部队按时到达指定位置。

在指挥机关开设上，华东野战军、中原野战军指挥机关拟于3月初分别在合肥和六安开设，负责渡江作战的具体指挥。

在地方政府的建立上，建议尽快建立中共安徽省委，组织好地方力量，以适应作战的要求。

在出动的准备上，在弹药、通信器材、货币、地图、运输工具、粮食等方面提出了要求。

这个报告便是随后制定的《京沪杭战役实施纲要》的草案

和雏形。

2月11日，毛泽东为中央军委起草了给总前委的回电，同意"三月底开始渡江作战的计划"；为了发挥好总前委的作用，明确"总前委照旧行使领导军事及作战的职权"，继续指挥渡江作战，从而从组织上保证了规模空前的渡江作战有了一个坚强团结、足智多谋的领导核心。

次日，毛泽东为中央军委起草了给东北野战军司令员林彪、政治委员罗荣桓等的电报。强调"为配合华东、中原两野战军三月半出动三月底渡江之行动，决定林、罗先出两个军约十二万人左右，于三月二十日以前到达郾城、信阳间地区，于三月底夺信阳、武胜关，四月十五日以前夺取花园、孝感地区，迫近汉口，休整待命，钳制白崇禧部不敢向南京增援，以利刘、陈、邓夺取南京。"

根据中央军委的命令，东北野战军派出由萧劲光任司令员兼政治委员的第12兵团的两个军，昼夜兼程直奔预定地域。

3月19日，刘伯承、邓小平就第12兵团两个军的任务专门向中央军委发电：建议他们不要绕道太远，加速行进直奔信阳，沿铁路分两路并行南下，直接威胁并打击白崇禧部。

为了加强对第12兵团先头两个军的统一指挥，充分发挥他们的牵制作用，20日，毛泽东起草了中央军委给萧劲光等的电报，命令他们接受刘、邓的指挥，并按照刘伯承、邓小平的意旨行动。

大战前夕的3月26日，总前委在蚌埠以南的孙家圩子召开了会议，重点讨论《京沪杭战役实施纲要》。经过会议讨论，《京沪杭战役实施纲要》正式出台了。3月31日，总前委正式上报和下达了《京沪杭战役实施纲要》。

在《京沪杭战役实施纲要》中，对敌人直接担任江防的和在战略纵深的，以及可以机动使用的兵力，都作了了如指掌的精确计算："蒋军集结于上海至安庆段之兵力，计有二十四个军七十二个师，共有四十四万人左右。其中直接担任江防者，计十八个军四十九个师；控制于浙赣线上杭、金、衢、徽地区者计有六个军二十三个师。可做机动使用者，大约有四个到五个军。"

《京沪杭战役实施纲要》对我军的战役目的及作战部署作了明确的规定："我第二、第三野战军全部，以歼灭上述全部或大部蒋军，占领苏南、皖南及浙江全省，夺取京、沪、杭，彻底摧毁国民党反动政府的政治、经济中心为目的。"决定以第二野战军3个兵团组成西突击集团，以第三野战军4个兵团分别组成中突击集团和东突击集团。采取宽正面、有重点的多路突击的战法，在东起江阴、西至湖口的千里战线上突破国民党军的长江防线。

《京沪杭战役实施纲要》将整个渡江战役划分为3个阶段，即达成渡江任务，实行展开；割裂包围敌人，断敌退路；分割歼灭被包围之敌。

为了做到有备无患，《京沪杭战役实施纲要》精心分析、判断了人民解放军渡江成功之后，敌情可能的4种变化：一是敌人收缩兵力于南京、上海、杭州间及南京、芜湖地区，割断我中、东突击集团的联系，集中主力与我东突击集团在宁沪线决战，而芜湖以西各部则退至浙赣线，保障其退路；二是向后撤收，控制浙赣沿线，确保南京、芜湖两要点，割断我东、西两突击集团的联系，或在宁沪杭三角地区与我决战，或在浙赣路与我决战，或作战略撤退；三是放弃沿江一线，主动退守浙赣路和

上海、杭州沿海地带，进行顽抗；四是在退路被我切断，无法撤退时，分别固守南京、上海、杭州等要点。针对不同的敌情变化，提出了相应的处置对策，并明确指出，只要我军渡江成功，无论敌军采取何种对策，战局都会发生有利于我军的重大变化，并有可能造成敌人全线混乱。我军的作战部署，仍应以敌乘我东突击集团与中、西两突击集团相距尚远之际，集中兵力与我东突击集团决战的情况为基本出发点。

纵观《京沪杭战役实施纲要》，重点分明，虚实结合，三箭齐发，以令敌防不胜防的战役布势，的确达到了"一点突破，全线震撼"的目的。充分显示了以邓小平为首的总前委高超的军事才能以及神机妙算，令后人深深折服和赞叹不已。

中央军委收到总前委呈报的《京沪杭战役实施纲要》后，给予充分的肯定。4月3日毛泽东亲自起草了中央军委的复电，该电报可以说是这一段时间最短的一封电报，其言简意赅："总前委：卯东（4月1日）电悉。同意京沪杭战役实施纲要。军委卯江（4月3日）。"

科学完善的《京沪杭战役实施纲要》，经过长时间的酝酿和讨论，在邓小平亲自主持下拟制完成，体现了总前委及各级指挥员的深思熟虑，体现了全军上下的聪明才智，为渡江战役的顺利实施起到了重要的指导作用。

渡江战役的胜利，《京沪杭战役实施纲要》功不可没，达到了后来陈毅所说的"聚歼敌军不落空"的神奇效果。

反复敲定渡江日

渡江日期的确定，也就是决定什么时候发起渡江作战，野战军无权决定，总前委也无权确定，渡江日期的决定权在中央军委。

随着政治、军事斗争形势的发展，渡江日期多次变更，曾经困扰着大多数高级干部和绝大多数前线指挥员和支前人员。

渡江日期实际是在广泛征求意见，反复地民主协商，围绕着革命的成功和人民的根本利益来考虑的，直到战斗发起前的两天，即1949年4月18日，才正式决定下来。它深刻地反映了中国共产党的智慧和成熟，并且反映了获胜的必然性。

1948年10月11日，正当毛泽东拟定淮海战役作战方针时，就考虑过渡江作战的时间和兵力，为此以中央军委的名义致电华东野战军：1949年"秋季你们主力大约可以举行渡江作战"。

12月12日，中央军委在给刘伯承、陈毅、邓小平、粟裕、谭震林组成的淮海战役总前委的电报中指出："举行渡江作战，其时间大约在明年五月或六月。"

1949年1月8日，毛泽东在中央政治局会议上，在谈到渡江作战时，针对淮海战役即将胜利结束的实际，强调指出："今

年初春休整，春天渡江。"

2月3日，经毛泽东审阅修改过的"中共中央关于军事形势和准备渡江南进致华东局、中原局、华北局、东北局和刘伯承、陈毅、邓小平、粟裕、谭震林、林彪、罗荣桓、聂荣臻等电报"中分析认为，"国民党有在京沪杭线组织抵抗及放弃该线将主力撤至浙赣路一带之两种可能。依据近日情报，第一种可能性仍是有的，但第二种可能性业已增加，即是说用解决北平问题的方法和平地解决南京、芜湖、镇江、苏州、无锡、杭州、上海等处的可能性业已增加。"

针对这两种可能性，中共中央认为："如果在今后一段时期内证明国民党仍然采取在京沪杭线组织坚决抵抗的方针，则我们仍应按原定计划，华东野战军、中原野战军休整至三月底为止，准备四月渡江，五、六两月夺取宁、镇、锡、苏、杭、芜诸城。""如果国民党依照近来日益增多的情报所说，是准备在长江南岸一线作某些抵抗，不准备集中兵力守南京诸城，而将主力撤至浙赣线布防，则我们应做提早一个月行动的准备。华东野战军、中原野战军应休整至二月底为止，准备三月即行渡江。"

2月8日，总前委在商丘举行会议。在讨论中，大家的意见趋于3月底开始渡江作战。在次日给中央军委的电报中，他们提出："我们一致认为，以在三月半出动，三月底开始渡江作战为最好。"而且阐述了渡江日期选择的政治、军事和季节上的理由。

当时设想的渡江作战发起时间一再提前。但中央军委由于考虑到与国民党政府谈判的政治斗争的需要，推迟武力渡江对和平谈判有好处，故渡江作战的时间则因政治上的原因往后推迟。

1949年3月19日2时，中央军委给已由中原野战军、华东野战军改称的第二、第三野战军的陈毅、饶漱石、邓小平、粟裕、谭震林、张震发去的电报称：4月5日前可判明与国民党的谈判有无希望，"四月六日左右实行夺取北岸据点之作战，四月十日实行渡江"。

第三野战军的司令员陈毅和第一副政治委员谭震林认为，攻占长江北岸国民党据点的时间需要4天以上，然后约需要一周的渡江准备时间，故于当日给中央军委发报，建议"正式渡江作战，应延至十六日为宜"。

次日，中央军委专门给陈毅、谭震林及第二野战军发电，估计和谈成功要在我军渡江成功之后，故强调4月2日就可以开始攻占北岸据点，4月5、6日完成，"全军可于四月十三日或十四日开始渡江"。

两个野战军的领导经过商议后认为，4月13日正是阴历16日，满月，通宵都有月光，对我军第一梯队秘密攻击不利，无法隐蔽，故难以达成战术上的突然性。3月26日，陈毅、邓小平、谭震林给中央军委发电，建议将渡江时间推迟两天，即15日黄昏发起渡江。因为"此时正值阴历十八日，下午九时以前昏夜，甚为有利"。

3月27日，中央军委给总前委发电，同意推迟两天发起渡江战斗。

30日，第三野战军司令员兼政治委员陈毅发布《第三野战军京沪杭战役作战命令》，将渡江战役攻击发起时间"内定于四月十五日十八时统一发起战斗"。

31日，总前委发布《京沪杭战役实施纲要》，命令"于四月

十五日十八时，以全线渡江作战，开始进行本战役"。

4月7日4时，毛泽东起草了中央军委给邓小平、饶漱石、陈毅的电报，强调"和平谈判已有进展，可能于十五日以前成立协定……请加紧准备于十五日准时渡江，你们方面务必不要变更，如果我们需要略为推迟时间，当临时紧急通知你们"。

渡江准备工作紧张而有秩序地进行着，和平谈判也在针锋相对、讨价还价中向后延伸。鉴于和平谈判有可能在15日签字，签订一个全面和平协定，如果协定签订成功，战斗渡江将变为和平渡江，因此渡江时间可能推迟半个月至一个月。为此，4月10日，毛泽东为中央军委起草了给总前委的电报，询问推迟时间有何不利。

当日，总前委经过慎重研究，给中央军委回电：每年5月初长江开始涨大水，两岸湖区均被淹，导致长江水面极宽，而且5月的水比7、8月还大，渡江作战将发生极大困难。同时，百万大军驻在长江边，推迟时间，会在粮食、柴草等方面造成极大困难。所以总前委建议"只有在保证和平渡江的条件下，才好推迟时间"，"按目前部队准备情况，立即渡江把握颇大，先打过江，然后争取和平接收，为更有利"。

毛泽东认为：从4月中下旬至5月初，有半个月至20天未发大水，我军如在5月5日前用14天的时间渡江完毕，似乎并无不利；南京主和派正准备于15、16日签订和平协定，两天后公布，对于江南敌军有瓦解作用，可起到不战而屈人之兵的目的；和平协定签订后，李宗仁等需有5天左右时间说服敌军后撤或让出几个地段来；协定规定签字后立即实行，我们却在公布后尚留数天时间才渡江，以表示我们对南京政府和江南军民仁至义尽，对方若反悔，则理在我方；我方立脚点须放在对方反悔上，假如签字后不公布或公布后不执行，我们的损失仅在于推迟了 7 天时间。最后，毛泽东还考虑，假定政治上有必要，还须准备再推迟 7 天时间，但必须保证 4 月下旬渡江。

经过充分的考虑，中央军委高瞻远瞩，强调军事服从于政治斗争，于 4 月 11 日致电总前委："依谈判情况，我军须决定推迟一星期渡江，即由十五日渡江推迟至廿二日渡江，此点请即下达命令。"并重申了上述考虑和理由。为了防止部队出现松懈，中央军委强调，下达推迟渡江日期的命令时，不要说是为了谈判，而要说是为了友军尚未完成渡江准备工作，以免松懈士气。

不难想像，百万大军整装待发之际，突然接到推迟一个星期渡江的命令，自然引起了一些指挥员和战士思想的波动。在这样的情况下，总前委一方面向军委反映实际困难以及解决困难的意见，另一方面向部队进行解释和教育。

总前委在给中央军委的电报中说："就水势一点来说，推迟半月，即在廿九日以前渡江，估计尚无大碍，但粮食、柴草困难。""我们拟于日内召集粮食会议，准备由徐州赶运粮食至合肥，再由合肥用汽车运至前方。因此请军委再帮助我们解决一批汽油，以利运输。"总前委在电报中强调："从军事上说，以廿二日渡江不再推迟为好。即使政治上必需，也以不要推迟至廿九日以后为好。"

邓小平专门起草了以总前委的名义发给第二、第三野战军前委和各兵团党委的电报：

"此次我军推迟一星期渡江，完全是在政治上和军事上所必须采取的步骤，但因此也容易产生松懈战斗意志和迷失方向的危险，因此你们必须在师以上干部中说明下列诸点：

一是国民党投降的协定近期可能签字，对全局和人民有利。

二是应站在政治上最有利的基础上渡江，以进一步孤立敌人，团结人民。

三是大部分国民党军还握在蒋介石等顽固派的手中，要做好充分的战斗渡江的准备。

四是如果政治上需要，还可能向后推迟，既要防止急性病，又要防止战斗意志松懈。

五是4月底以前，江水不会发生大的变化。

六是时间推迟导致的粮食、柴草、油、盐问题，要具体计算，提出解决的办法。

七是延期渡江的时间内，中心工作仍放在加强战斗准备方面。"

这是一份说理透彻、切合实际、针对性强的内部宣传教育材料，而且有着特殊的价值，反映了邓小平高超的领导指挥艺术。总前委的指示电并没有说推迟时间是友军的问题，而是把谈判与延期渡江的关系挑出来予以专门的解释，把"底"交给广大官兵，解开了部队的疙瘩，使部队对军委、对总前委更加信赖，斗志更旺。

当中央军委收到总前委这份电报后，于14日复示："总前委卯文（4月12日）指示电甚好。请二野、三野即照此指示向师以上干部着重说明推迟渡江时间的理由，加强战斗准备工作，并多筹粮草油盐。"

根据各方面的情况，总前委在听取部队及各方面的意见后，于4月17日向中央军委发电建议："我们一致认为，以确定养（廿二）夜开始，不再推迟为好。而且夺取北岸敌桥头堡及江心洲，必须与正式渡江紧密衔接，不宜停顿，否则将给敌人以调整部署时间，增加我们的困难。"他们认为："真正解决问题，只有在我们渡江成功之后才有可能。所以在政治上无绝对必须的条件下，务请不再推迟至有（廿五）日，因为前方困难甚多，延长一天时间增加一分困难，不但影响士气，人民不安，特别是把我们各个有利渡江的地点都暴露了。"

毛泽东根据总前委的建议和谈判的情况，于4月18日9时起草了以中央军委名义发至总前委的电报，决定："完全同意总前委的整个部署，即二野、三野各兵团于二十日（卯哿）开始攻击，二十二日（卯养）实行总攻，一气打到底。"并特别强调："此次我百万大军渡江南进，关系全局胜利极大。希望我二野、三野全军将士，同心同德，在总前委及二野、三野两前委领导下完成伟大任务。"

4月20日18时，渡江战役的炮火袭击开始了。20时，满载着我军官兵的木帆船，在苍茫的暮色中向长江南岸驶去，伟大的渡江战役开始了。

王宴清策划起义

1948 年 9 月，王宴清走马上任接任国民党军 97 师师长。

97 师作为"首都警卫师"，原来是蒋介石及其高级官员的内卫部队。该师下辖 3 个团，共 13000 多人。289 团的前身是国民党军事委员会警卫团，直接负责蒋介石本人的警卫工作；290 团前身是陈诚任第六战区司令长官和军政部长时的警卫团；291 团的前身则是顾祝同的第三战区司令长官部警卫团。可见，这 3 个团都是声名显赫的警卫部队，是一支地地道道的"御林军"。

从 1948 年开始，在人民解放军的强大攻势下，国民党频频失利，兵员枯竭，首都防务捉襟见肘，无法应付，不得不将这支"御林军"与 102 师合编为第 45 军，名义上算是野战部队，实际上是仍然负责南京城内的警备任务，归首都卫戍总司令张耀明指挥，军长是张霞。

为了加强长江防务，11 月中旬，97 师奉命调往沿江一带布防，3 个团分别设在板桥、江宁和铜井三镇，师司令部设在居于三镇之中的江宁要塞。王宴清同布防在江宁的 289 团团长杨镇洲、副团长邓健中，因工作关系经常在一起。

从不断的交往中，王宴清发现杨镇洲粗犷豪爽，邓健中沉

毅稳健，二人为人都很正直，三人在一起时，议论的立场、观点等经常是不谋而合，惊人地一致。因此，三人经常清茶一杯谈天说地，相伴出游郊外踏青。

一天，他们相聚中山陵，在无梁殿北伐烈士祠前，面对四壁镌刻的北伐阵亡将士名单，无不有感于衷：

"人生百年，终难免于黄土。一个人死后，能在这里占有方寸之地，供后人瞻仰怀念，应该说是不虚此生了。"邓健中感慨地说道。

杨镇洲紧接着说："等我们这些人死后，怕难以享受这种待遇。"

王宴清见时机已到，有所指地说："那就该好好地反躬自省。当前，共军已占领东北，百万大军入关，淮海战役中我军已陷入重围，听说黄百韬兵团全军覆没，看来华东战局不日可见分晓。共军挥师南下，饮马长江，恐怕也不是天方夜谭吧？像我们这般下去，将成为千古罪人。"

话已至此，近乎说明。邓健中见此，似乎也就无所顾忌了。他说："我记得唐太宗李世民说过这样一句话，'勇夫当识义，智者必怀仁'。作为军人，决不能不明正义地一味盲从，一味愚忠。历史上岳飞的悲剧，不能在我等身上重演。"

杨镇洲也连连点头称是。

与此同时，南京地下党也掌握了王宴清的一些情况。他们派以《大公报》记者身份作掩护的地下党员陆平主动与王宴清取得了联系。在经过必要的考察后，地下党的负责人史永专程到了王宴清的家中。

在经过一番寒暄后，史永对王宴清说："在这伟大的变革时代，你们能分清善恶，明辨是非，甘愿冒生命危险做一番壮举，举行起义，其精神实在可贵。我们共产党对此向你们表示极大的感谢。"

"我们之所以决定起义，完全是顺应时代的潮流，希望为人民作一点贡献。如果计较个人得失，就没有必要多此一举。希望贵党能理解，并向你们的高级人士转达我们的衷曲。"

地下党对王宴清等人的心情是十分理解的，他们正式通知王宴清，今后的行动归第三野战军司令部指挥，到时候，会通过电台指挥他们行动。

一天，陆平对王宴清说："请师长把你们师部电台的呼号告诉我，然后我把密码告诉你。"

王宴清将电台呼号告诉陆平后，陆平又问："在唐诗里面，你哪一首最熟？"

"葡萄美酒夜光杯。"

"就用它作密码，怎么样？定下来后，我立即告诉三野。"

"行啊！估计行动之时不会太远吧？可别夜长梦多，出现什么意外。"

陆平没有直接回答，而是吟了两句古诗："正是春雷动地时，城头已闻战马嘶。"

王宴清一听，心情十分激动。由于过分激动，王宴清办了3件欠思量的事，差点误了大事。

一次是在全师连以上军官会议上，王宴清说："抗日战争打了8年，接着又打内战，真是无意义。老百姓不愿打仗。纵然有长江天险，打下去也无必胜的把握。"他实际上是为了给起义打一点思想基础，也算是说了几句真心话。

另一次是师部的参谋赵昌然，他作为起义骨干，自告奋勇地去做宪兵队的工作。他对王宴清说："那里有我的一个同乡同学，可以去试试，争取他采取一致行动。"王宴清考虑到控制机场的重要性，也就表示同意了。

再一次是在陆平确定了第三野战军同97师的电台联系方法后，王宴清在返回师部才发觉自己还不知道向第三野战军呼叫的信号，于是用电话找陆平联系。接电话的正好是陆平，王宴清开口便问："你们的电台呼号是什么?"陆平怕泄密，只得"啊，啊"了两声就挂断电话。但这个从军部转出去的电话，谁能担保未被人监听呢?

事后想起来，王宴清感到后怕。可是，事情往往是越怕越来事。

3月23日上午，首都卫戍总司令张耀明召集第45军营以上军官开紧急会议。会议一开始，张耀明就突然宣布撤销军长张霞的职务，由副司令陈沛兼任第45军军长。只听张耀明声色俱厉地吼道："我们卫戍部队中有人意志消沉，在军官集会上散布失败情绪，瓦解军心，这实际上是为共匪张目。如果他不愿意为党国效忠，他可以立刻滚蛋! 我决不允许有人在我们内部捣鬼。"

听到这里，王宴清的心一下子紧缩了，他已经猜到张耀明的话中所指。就在王宴清忐忑不安，心情七上下八，准备迎接灾难临头之际，张耀明的目光集中到了他的脸上，并且恶声恶气地说："王师长，你今晚到我家里去，我有话同你谈。"说罢，张耀明便匆匆地离席而去，留下大家面面相觑。

事情来得十分突然，王宴清在思虑，这究竟意味着什么?王宴清百思不解。在中午与张霞的送别宴席上，王宴清无意中听到了一个消息:原来是有人告密，说赵昌然参谋在外边乱说乱讲，引起了上头的注意。王宴清松了一口气，回味张耀明所

说的"谈话"，以及谈话的地点，他觉得事情尚未发展到最坏的地步。

谁知，原本约定的晚上的"谈话"，又临时改到24日上午8时在卫戍总司令部进行。这一下王宴清又紧张起来了。他甚至想到当晚把家属转移出去，并赶快同地下党联系，商量一下对策，但又担心特务跟踪，弄得个"此地无银三百两"，反而误了大事。他静了静心，觉得只有静观事态的发展，走一步应付一步。

24日一早，王宴清提前几分钟来到设在长江路上的卫戍总司令部。举目四顾，只见警卫森严，就连总司令的办公室的门口也站着两个荷枪实弹的卫兵。"开弓没有回头箭"，只有硬着头皮朝前走了。

"报告！"

"进来！"张耀明一见是王宴清，不等他坐下，就开口道："王师长，我过去把你当作小老弟，现在看来，你长有反骨。"

王宴清毕竟是久经沙场的人，他虽然感到事情已经到了十分严重的地步，但他觉得，既然用谈话的方式来解决问题，就有扛过去的可能，说明自己还有辩解的余地。事已至此，只能装傻充愣。于是，他故意茫然地问："我究竟做了什么事？"

张耀明的一双眼直盯着王宴清的眼睛，把一张信纸往王宴清的面前一推："你做的好事，你自己看！"

只见白纸黑字，历历在目，语语道中，字字惊心："王匪宴清被共产党金条收买，拉拢部下，密谋叛变。该匪在军中散布流言，扰乱军心，并派参谋赵昌然发动宪兵队参加叛乱，欲占机场，拦捕我高级将领。"王宴清看到这张字条，不寒而栗，头皮发麻，手脚冰凉。

但他立即意识到，眼下需要的是沉着、冷静，蒙混过关，"狭路相逢勇者胜"。他好像是舒了一口气似的缓缓地坐了下来，说："我还以为是什么事呢？总司令，请您让写这张字条的人站出来与我对质。如果这张字条上说的是事实，就请他拿出证据。如果共产党用金条收买了我，我请求，现在就派人到我家中去搜查。如果搜出金条，我愿接受军法的制裁。"

王宴清的口气很硬，因为他巧妙地抓住了两点：一是请写字条的人出来对质，二是搜金条。他知道，写字条的人绝对不敢公然地站出来与他这个堂堂的大师长对质；二是他家中本来就没有金条。

张耀明一听，王宴清如此理直气壮，不由得也缓了一口气。

"那么，在全师连以上军官会议上，你说这个仗打得没有意义，这也是冤枉你吗？"

"确有此事。"王宴清想不能对所有的事都不承认，必须避重就轻，所以他承认有此事。

"你身为师长，怎么能对部下讲这种混账话？"

"那天，我心情不好，喝多了点酒，发了几句牢骚。事后自己非常懊悔。请总司令明鉴，如果我真有图谋不轨之心，会在军官会议上公开讲吗？我不可能蠢到这种地步吧？"

面对王宴清的"以攻为守"，张耀明竟一时无言以对。沉默了好一会，张耀明突然说："你打个电话，叫赵参谋到这里来一趟。"

王宴清知道，这是张耀明要他与赵昌然对质。在两人事先不通气的情况下，很难做到相互吻合。但又不能犹豫，索性坦然地打了电话，命令司令部值班室通知赵昌然立即到卫戍总司令部报到。

张耀明对王宴清说："你在这里等候，没有我的命令不准离开！"不等王宴清回话，张耀明就向外走了，到了门口低声对卫兵嘀咕了几句，便匆匆地离开了。

王宴清知道，自己被软禁了。

过了好一会儿，卫戍总司令部副总司令覃异之进来了。王宴清抓住机会，激动地对覃副司令说："覃司令，你知道，我是黄埔军校和陆大毕业的，历史清白，而且校长亲自召见，委以重任。眼下却遭小人暗算，蒙不白之冤，希望司令主持公道。"

覃异之和颜悦色，笑嘻嘻地安慰了王宴清几句，意思是要相信上级会公正处理的，就不再多说了，只是和王宴清有一句没一句地闲聊。

突然，门口传来一声喊："报告！97师司令部赵昌然参谋前来报到。"

"让他到我的办公室去。"覃异之与王宴清打了招呼，"王师长稍坐一会儿。"随即便出去了。王宴清知道覃异之肯定是要亲自对赵参谋进行严厉的盘问。

时间在长长的等待中一分一分地向前走着，好像大家都把王宴清忘记了，只是中午时分，几个卫士给王宴清送进来一顿便宴，比较丰盛。他也没心情吃，扒拉几下就放下了筷子。

时间已经到了下午5时多，正当王宴清在痛苦、焦灼中冥思苦想时，覃异之一抬脚进来了。他带给王宴清一句意想不到的话："你回家去等着，随传随到，走吧。"

王宴清强压着激动的心情，稳步离开了卫戍总司令部。他首先赶回家中，对夫人说了几句宽心话，关于起义的事情连一点暗示也没说，仅呆了5分钟。随后，他驱车直奔江宁镇他的师司令部。在车上他考虑，在这紧迫的形势下，再同地下党联系

或等解放军渡江战役开始再开放江面，迎接大军，都是不可能的了，这等于俯首待毙。与其如此，不如孤注一掷，及早动手。

几十分钟后，就在张耀明责怪覃异之不该放走王宴清的时候，王宴清已经召集了杨镇洲、邓健中、政治部主任萧汉杰、警卫营长叶宏昌、中校参谋黄克栗等骨干和几名比较忠诚的参谋人员，正在商量起义的大计。王宴清把提前行动的原因和打算告诉他们。他接着说：“据我所知，在芜湖以东、丹阳以西沿江地区，他们不可能在短时间内抽调一个师的兵力来进攻我们，即使勉强纠集一些部队，最快也得在明天拂晓以后才能到达我们的防区。因此，只要今晚渡江，形势对我们是有利的。”

几个人不禁为之愕然，有的马上提出异议。

“如今江面控制很严，难以过江，怎么办？”叶宏昌首先提出。

黄克栗马上接上，说：“所有大船均已强行集中在下关，几叶扁舟怎能抵挡封江的第二舰队？总部早就有明文规定：凡未经批准夜间过江的船只，一律击沉勿论。这该咋办？”

“船包在我身上。”邓健中说道，“江边渔民还藏有部分船只，只是小一点，等一会儿我就派人去搜集。另外，守卫江边的290团1营营长易文超是我多年的老部下，他一定会协助。一般来说，二三十条不成问题。”

“那封江的军舰呢？”萧汉杰疑惑地提道。

邓键中马上说：“封江军舰的位置，在我们重迫击炮的射程之内，它如敢向我们开炮，我们就用重迫击炮的密集炮火还击，完全可以将其击沉。”

王宴清说：“我再强调一点，我们不是走投无路才决定起义的，我们的目的是想带大家共同走上光明之路。现在时间已经

不多了，我不想过于勉强大家，自己决定吧。"

光明与黑暗的抉择，诚挚而善意的开导，使几位刚进入情况的参谋也坚定了决心，他们纷纷表示："跟师座走，决无反悔！"

"就这么办。邓副团长，你马上就走，负责搜集船只，并在南岸设置迫击炮阵地。"

待邓健中走了以后，王宴清考虑到，全师部队中目前只是解决了289团和师直属部队的起义问题，其余的两个团又该如何办？

于是，王宴清与杨镇洲、萧汉杰、黄克栗等缜密思索：290团1个营在江北七坝，离起义渡江的地方较近，部队过江以后，由王宴清亲自给团长黄子安下命令，要他们随师行动，谅他不敢不从。至于291团，一来距离甚远，二来该团团长王义鸾政治上保守，即使骗他过江，也不易取得一致行动，反而可能招来一些麻烦，暂时放一放，过江后看情况再说。

正在这时，副司令兼第45军军长陈沛来电话告诉王宴清，张耀明总司令明天请他吃早饭，要求务必按时赶到。

对于这个邀请，王宴清知道："看来还是想软禁我。"但他还是应酬道："我来，请报告张司令，我明早一定赶到。"放下电话，他在心里说，看来今晚务必离开南京。

再见了，南京！

"御林军"战前倒戈

1949年3月24日，作为国民党"御林军"的97师的师长王宴清率部渡江北上，投身于人民的怀抱。

渡江战役的大战未起，作为国民党政府的"御林军"首先倒戈，如同强大的地震一样，在国民党朝野上下引起了强烈的震动。

在中共地下党的指导下，经过紧张的策划，起义正在逐步进行。可是，由于王宴清的大意，使起义的行动被国民党有所察觉，整个形势急转直下，王宴清差点出不了国民党南京卫戍总司令部的大门。在形势紧迫的情况下，王宴清决定提前举行起义。但王宴清想得太简单了，他认为只要是渡过江到了江北，就能迅速地与解放军联系上。

24日晚上8点30分左右，长江江面上灰蒙蒙的，东南风一阵紧似一阵，20多条小船聚集在小码头上，首尾碰撞。码头周围三步一岗、五步一哨，戒备十分森严。"御林军"名不虚传，纪律严明，整齐划一，部队上船的动作静肃而迅速，井然有序，每条船坐30人左右。待人上满后，只见各船升起篷帆，凭借着东南风，向江北驶去。

忽然，国民党军舰的几束银白色的探照灯柱扫向江面，忽

东忽西，忽起忽落，最后锁定在他们的船只上。王宴清心头一缩："完了，他们要打炮！"

然而，正当王宴清要下达各船快速前进的命令时，探照灯突然熄灭了，舰炮也没有开火。

这是怎么回事？事后想起来，王宴清想无非有两种可能：一是也许舰上的人认为他们是正常的增援江北岸据点，另一种是也许知道他们是投奔解放军而没有开炮，因为守卫这一段江面的就是林遵率领的国民党海军第二舰队，后来也起义投奔了共产党。

经过紧张的运送，到了 25 日凌晨 2 时，王宴清率领的起义部队终于全部到达了江北，在桥林镇集结完毕后，随即派出 4 个联络小组，直奔新店方向，与解放军进行联络。

王宴清他们与解放军联系上了吗？后来情况如何？我们暂且不说，回过头来看一看卫戍总司令部的一场闹剧。

却说卫戍总司令张耀明让陈沛给王宴清打完邀请就餐的电话后，心里总算觉得踏实了些，正欲就寝，忽然接到第 45 军军部的报告：王宴清正在率部渡过长江。

张耀明闻言大吃一惊，心中叫苦不迭，一方面不得不进行紧急调整部署，另一方面不得不硬着头皮向上级报告。

一时间，整个卫戍总司令部一片喧杂，人员出出进进，如同热锅上的蚂蚁，电话机和电台里吆五喝六，发报机房内滴答乱响……

整个南京市全城戒严，如临大敌，军警频繁巡逻，警报声此起彼伏。

沿江一线加强防务，增加了岗哨，加强瞭望。

特务奉命倾巢出动，全城乱转，捉拿王宴清等起义军官的家属。

远在上海的汤恩伯得知此消息后，大为震怒，立即命令汤山辎重汽车兵团出动 500 辆卡车，连夜向中华门外运送部队填补 97 师留下的防务空白。

蒋介石在奉化得到报告后，亲自打电话给张耀明，进行严厉的训斥，并命令他连夜印制传单，悬重赏缉拿王宴清等高级军官，必须在明天天一亮即派飞机进行跟踪散发。

此时的王宴清，带领两个团和师直属部队共 8000 多人，已在江北的桥林镇附近。时间一分一分地流逝，已经是凌晨 4 点了，派出的 4 个联络组均未返回。

王宴清心急如焚，怪自己疏忽大意，不得不提前行动，以致得不到解放军的协助和支援。他清楚地知道，手下的部队多数并不知道此次行动的真相，他虽然与营以上军官基本上都谈过话，但不少人态度暧昧，有的人虽然说服从师长的命令，难免会口是心非。更为严重的是，他们待的地方距江边仅 5 千米，倘若发生变故，可能难以控制住部队。因此，王宴清赶紧与杨镇洲、邓健中进行商议，决定即刻带领部队向北方 10 千米的新店庙方向前进。

他们走出 5 千米左右时，天开始亮了。几架战斗机出现在头顶，机枪向他们扫射，随后一张张传单从天而降。部队一片混乱，有的人大骂空军是混蛋，自己人打自己人，有的人拾起了传单，只见上面写着：

"97 师的官兵们，你们的师长王宴清勾结共匪，背叛党国。你们师在我军中有悠久的历史，官兵一向深明大义。盼即携械归来，决予重赏。有击毙王匪者赏银 5 万元，击毙次要匪首者赏银 1 万元，并连升 3 级。"

阅过传单内容后，部队更是混乱。290 团团长黄子安本来就没有起义的打算，这时乘机煽动："士兵弟兄们，我们受骗了！

到共产党那边既吃不饱，也穿得破，说不定还要被当作俘虏虐待，都跟我回去吧！"

霎时间，全团一片大乱，大部分人跟着黄子安往回跑，还有一些人四散而逃，只有少数人待在原地。

用望远镜把290团整个情况看在眼中的王宴清，不觉得倒吸了一口凉气，他担心整个部队都会出现哗变。他在心中暗暗思量："怎么办？联络组无一人返回，难道都没有找到解放军？"

王宴清赶紧叫来杨镇洲、邓健中进行商议，决定由杨镇洲严密掌握289团的情况，由叶宏昌掌握师直属队，部队原地待命。王宴清和邓键中带领参谋人员、警卫人员和289团一个排，共100多人，先行一步寻找解放军，黄克栗带领几个人在他们的前面行动，负责前方警戒和接头。

就在他们出发不久，留在桥林镇的部队出现哗变。一开始是几个死硬分子散布"师长不管我们了，后边的部队追上来了"的谣言，部队出现三三两两的游动，然后三三两两的人向江边跑，到后来就出现成群结队的溃散，最终形成一股难以控制的乱军。杨镇洲拼命拦阻，顾了这头，却顾不了那头，无济于事。3000人像潮水般地向后涌，有几个人甚至把杨镇洲架起来往回逃，多亏他拼命挣扎才摆脱了绑架，只身赶往新店方向。叶宏昌则不知下落。

王宴清他们这支小部队，终于在25日的中午与解放军取得了联系。

人民解放军第三野战军第8兵团的第26军军长张仁初，亲切接见了王宴清及其所率领的这100多人。

虽然最后王宴清的起义队伍仅剩下100多人，但它所造成的影响却是巨大的，使更多的国民党军队看到了起义才是光明之路，才是正确的抉择。

江阴要塞策反记

　　江阴要塞地处长江南岸，位于南京、上海之间。这里地势险要，江面狭窄，素有"江防门户"之称，是国民党首都南京的"咽喉"和可靠屏障，同时又驻有京沪间重要防卫作战的力量，在军事上具有十分重要的战略地位。

　　江阴要塞由于其重要性，在建制上直接归国民党政府的国防部领导，划归京沪杭警备总司令部第一绥靖区，直接接受第一绥靖区司令兼江苏省主席丁治磐的指挥。设有1个相当于重炮团的炮兵总台，配备德、日、美等国制造的大口径火炮50多门，1个相当于加强步兵团的守备总队，1个配备"五七式"战防炮36门的游动炮团，还有1个工兵营和司令部的直属分队以及探照灯分队等，总兵力约7000人。

　　国民党政府给江阴要塞赋予的作战任务，主要是担负黄田港—张家港以东包括双山沙一线约30千米的江防守备任务，并以重炮火力控制江面或直接支援位于长江北面八圩港桥头堡的国民党军队的第21军145师作战，防止解放军偷渡，同时还负责检查管辖范围内的来往船只。

　　辽沈、平津、淮海三大战役，以国民党军队的惨败而告终。

为了控制剩下的半壁江山，挽救国民党的反动统治，国民党军队把"宝"押在长江防线上。江阴要塞由于所处的战略位置，受到了蒋介石的加倍重视。当时要塞的司令是年老体弱的孔庆桂中将，为了加强防务，蒋介石准备起用一名可靠的"少壮派"将领来接替司令。

在得知蒋介石准备调整江阴要塞司令时，唐秉琳和唐秉煜两兄弟赶紧碰头，商量对策。唐秉琳、唐秉煜以及吴广文均是中国共产党地下党员，他们长期打入敌人内部，获得了敌人的信任，分别担任了要塞的重要职务。唐秉琳任江阴要塞炮台总台长，唐秉煜先在国防部三厅担任负责士兵和要塞业务的上尉参谋，后任江阴要塞工兵营长，吴广文任江阴要塞守备总队队长。同时，地下党员唐仲衡专门在江阴城内建立了联络点，负责有关的联络工作。

"煜弟，老蒋临阵换将，看来是想进一步加强江阴要塞的防务。要是调来一个我们不熟悉的家伙，以后会给我们开展工作带来诸多麻烦。"唐秉琳对唐秉煜说。

"对啊，哥。"唐秉煜说，"要是能来一个比较熟悉的家伙，就好办一些了。"唐秉琳沉默了一会儿说："是啊，我也这么想。"

两人陷入了沉思。过了一会儿，唐秉琳突然放下茶杯说："要是戴戎光来，就好了。"戴戎光，苏北阜宁人，当时任国民党陆军总部少将军械处长。因唐秉琳兄弟俩也是苏北人，这层老乡关系，使他们与戴戎光相处比较熟。

唐秉煜看了哥哥一眼，说："好是好，怎么才能让戴戎光来接替这个司令呢？"

"戴戎光很受顾祝同的赏识。只要戴戎光向顾祝同提出这个想法，凭参谋总长的保举，估计老蒋会给这个面子。"

经过组织上同意，唐秉琳等积极开展了活动。一方面，由唐氏兄弟到南京找戴戎光，希望他向顾祝同提出到江阴要塞来的想法。另一方面，在要塞制造舆论，要求派戴戎光来当司令。

唐氏兄弟俩找到戴戎光，主动提出希望他到江阴要塞来，"我们兄弟绝对支持您的工作。"

戴戎光虽说是个少将处长，但在陆军总部机关里还是个小官，经常受长官的气，正想躲开这个地方，换个环境，也好发点"战争财"。唐氏兄弟的提议正合他的意。想想还有唐氏兄弟的帮衬，这个司令也不会难当。

于是，戴戎光向顾祝同谈了自己的想法。顾祝同很爽快地同意了，并向蒋介石进行了报告。

"总裁，关于江阴要塞的司令人选，我有一个人向您推荐。他就是陆军总部的少将军械处长戴戎光。此人能文能武，带兵打仗很有一套……"

就这样，戴戎光上有顾祝同的撑腰，下有唐秉琳等人的积极活动，终于如愿以偿地当上了江阴要塞司令。戴戎光上任前，蒋介石还亲自予以接见，要他好好地坚守江阴要塞。我党的地下工作者给蒋介石当了一回人事部长。

1948年秋，中共地下组织派唐坚华同志到江阴要塞去联络。唐坚华在途经苏北敌据点时，突然遭到国民党特务的逮捕，久押不放，原因不明。

为了确定下一步的工作对策，尽快与江阴要塞的同志联络上，组织上决定再派吴铭同志前往江阴。苏北军区管文蔚司令员对吴铭说："你这次去江阴的任务很明确，就是在江阴要塞进行策反，任务很重要，要做好迎接大部队渡江的准备工作。"

吴铭通过联络对象——当时在国民党考试院院长办公室负

责文书收发工作的哥哥吴志清帮助，获得了一份考试院的外出证明，畅通无阻地到达了江阴。

吴铭按照地址，在江阴城内比较僻静的一条街上，找到了联络点。这是一座老式的三幢房大院，联络点位于中间一间房。看看四周没有什么可疑人员，吴铭轻轻地扣了几下房门。不一会儿，出来一位中年人，吴铭与他对了暗号。唐仲衡一看暗号对上了，知道来了自己人，忙将吴铭迎进门。

唐仲衡原来在苏北当中学教师，因他与唐秉琳兄弟俩是亲戚，所以组织上专门派他到江阴来建立联络点。为了更好地开展工作，唐仲衡经过组织同意，将老母亲、妻子和女儿等搬到了江阴一起生活。通过联络点，吴铭很快与唐秉琳、唐秉煜、吴广文等人联系上了，了解到经过他们的努力，发展了江阴要塞游炮团长王德容。他们还利用戴戎光上任后扩充实力的时机，有意识地物色了一些有正义感，与我们的关系好，在国民党内被排斥，但又与戴有同学、同事、同乡等关系的人来要塞工作，以不断充实壮大我们的力量。

吴铭在了解到江阴要塞的真实情况后，立即到苏北解放区汇报情况。此时江阴要塞的策反领导工作已转由第三野战军第10兵团叶飞司令员和韦国清政委负责。

吴铭回到江阴后，向同志们传达了兵团首长"渡江时间不会太久，要抓紧做好一切准备工作"的指示，大家听了都很兴奋。

"吴铭同志，你在苏北见到唐秉煜没有？秉煜怎么还不回来，是否出了什么事。"在吴铭谈完后，唐秉琳迫切地问道。

吴铭赶紧问："是怎么回事？"

"你走后，传来淮海战役全面胜利的大好消息，要塞的同志很兴奋，大家认为大部队会很快过江，而国民党又宣布全面封江，因此大家生怕你在路上出事，一时回不来，就商议让秉煜再去苏北联系。"

唐秉琳接着说："你知道，秉煜还属于国民党国防部三厅的参谋，他向国防部请假，说是到江阴探亲。原来预料很快会回来，但形势变化很快，国防部要转移，因此电报、电话一个劲地找到江阴来催秉煜回南京。前几天还来了个科长到江阴来找他。"

"后来呢？"吴铭焦急地问。

"我只得推说秉煜因病住进了苏州医院。可他们随后向苏州医院询问秉煜的病情，但没有找到。又回过头来找我。"

"唉！秉煜啊，秉煜啊，你赶紧回来吧！"吴广文焦急地说。

"谁在叫我？"话声没落，唐秉煜进了房子。

唐秉煜兴奋地谈了这次去苏北盐城找到了其兄唐君照，由他陪同唐秉煜去见了陈丕显、管文蔚等领导同志的情况。他还高兴地告诉大家，管文蔚司令员已经批准发展王德容加入中国共产党。

经过大家的努力，消除了国防部及戴戎光等人对唐秉煜的怀疑，平息了一场虚惊。

通过一段时间的有效工作，争取了参谋长梅含章的同意，并把进步学生何漪调来要塞担任上尉秘书工作，后又设法安插进政工室当秘书。经过教育启发，何漪能及时反映敌人的活动情况。

另外，还在国民党军官总队中有意识地物色与我们比较熟悉、关系较好的对象，通过关系调到要塞来，如炮台大台长孟怀高、游炮团一营营长杨明光、工兵营副营长龙潜、通信连副

连长李容南等。唐秉煜也乘机调来江阴要塞。

地下工作不断取得成效，唐秉琳佯称受戴司令的命令，到各个地方了解情况，摸清了江阴要塞江岸的水深、潮水涨落、暗礁分布等情况，并绘制成图。但长江被封锁，无法将情报送到江北。

经过一番安排，吴铭以走私商人的名义，找到了被封在张家港的一条商船，许诺只要同意搭乘，就负责与军方联系。

正谈着，一位国民党军的连长带着4个士兵，以装运军草为名，对这条船强行拉差，命令把船开出张家港。船到双山沙后，他们离船上岸向芦苇荡走去，边走边嚷快来搬草。吴铭赶紧要船老大拉篷趁着顺风顺水向北岸开，士兵们在后面一阵乱枪。不一会儿，船就到达长江北岸的新港，新港的居民和解放军都以惊奇和不可思议的眼光看着这艘船靠岸：大白天，这艘船是怎么摆脱国民党军的封锁的？原来，这一切都是吴广文精心安排的。

正当策反工作有条不紊地进行当中，一天，江阴国民党县党部机关报刊登了一则消息："江阴要塞有人通新四军，必须引起注意。"

这件意外事件，令地下工作者感到突然，有的同志担心是否暴露了。经过分析，这条消息公开登在国民党党报上，肯定不是特务组织所为，哪有特务发现线索随便登报的？断定这是国民党内部的矛盾公开暴露，正好可为我们利用。就这样，策反工作继续实施，并将人民解放军的人员也安插进了江阴要塞，占据了要害位置，只待上级的命令，适时宣布起义。（起义行动，在本书后面表述，作为战役实施阶段的一个故事介绍）

扫除江北桥头堡

截至 1949 年 3 月中旬，国民党军队在准备和谈的烟幕掩护下，仓促地调兵遣将，加紧长江防务。除了在长江南岸部署了宽大正面和纵深的防御体系外，还以一部分兵力控制了长江北岸的一些要点，企图封锁长江，实施重点守备，迫使人民解放军无法在长江北岸进行正常的渡江作战准备。

敌人在江北的据点大小不一，如在两埔（浦口、浦镇）部署了 2 个军，在八圩港、瓜洲、仪征、裕溪口等地各部署了 1 个师，在土桥等中等据点则各部署了 1 个团，还在一些小据点分别部署了 1 个连至 1 个排的兵力。敌人的企图是，固守大、中据点，其间的若干小据点则作为警戒阵地，既可以加强相互之间的联络，又试图达到迫使人民解放军过早展开的目的。尽管长江北岸的守军有南岸大炮和江中海军舰艇的支援，但由于是背水而守，没有退路，因此信心不强，过一天算一天，整天里提心吊胆、诚惶诚恐。

中央军委和总前委充分认识到，为了不影响渡江的准备工作，对长江北岸的敌人据点，必须在渡江之前予以歼灭。为此，中央军委于 3 月中旬指示，目前国民党还没有谈判的诚意，国共

和谈远未开始，可以迅速拔除长江北岸的"钉子"。

3月17日，在第三野战军的指挥部里，所属各兵团及所属各军的领导人汇集一堂，正在聆听司令员兼政治委员陈毅下达命令：

"为了控制内河入江出口，搜集准备船只，疏通河道，修筑码头，开辟强渡作战攻击道路，各兵团必须按2月20日划定的渡江地段，扫平江北桥头堡，歼灭守敌。"

陈毅环视了一下各路将领后，稍稍提高嗓门继续说："4个兵团的具体任务区分如下：王建安、谭启龙所率第7兵团负责歼灭棕阳镇、王家套、土桥之敌，并扫清沿江各小据点之敌。"

"陈士榘、袁仲贤所率的第8兵团主力担负主要方向的攻击，即向两浦方向攻击。具体来讲，第25军由江浦向浦镇攻击，第26军由全椒、傅江营、鲍庄线及以南地区向浦镇攻击，第35军由乌衣镇沿津浦路南北向浦镇攻击，第34军沿六浦路于江边向浦镇攻击。力求迅速肃清外围，分割敌第96军与第28军之间的联系，包围浦口，切断敌人的退路，分割分批歼灭之。并配合兵团炮兵于江浦以东或东南，选择适当阵地炮击南京。另外，以华中警备旅为主，分别包围攻歼三江营、口岸、仪征、瓜洲等地的敌人。"

"宋时轮、郭化若所率第9兵团负责攻歼金河口、驻马河口、西梁山、裕溪口、刘家渡之敌，扫清沿线各小据点之敌，并应组织一部分炮兵于当涂对岸以北，选择适当阵地，截击敌船东去，保障第8兵团作战安全。"

"叶飞、韦国清所率第10兵团，除统一指挥第20军，配合华中警备旅作战外，以第31军4个团，攻歼八圩港之敌，以第23军侦察营或1个团，配合一分区主力，攻歼龙稍港之敌，并应组织炮火于镇江附近，选择适当阵地，封锁江面，截击敌舰西去，保障第8兵团作战安全。"

最后，陈毅强调说："各兵团的任务是否明确？"

"明白！"各兵团领导异口同声地回答。

"我再强调一点，各兵团均应按照指定的地点，于3月20日前完成战斗准备，待命统一发起攻击。"

陈毅下达完命令后，第三野战军副司令员兼第二副政治委员粟裕就此次扫清江北桥头堡的战斗提出了几点具体要求。他说，此次作战，为渡江作战之序幕，各部应注意下例事项：

一、力求全歼敌人。采取突然袭击手段，切断敌人入江退路，包围歼灭之，不使其钻空子逃往江南，以增加南岸守备兵力。对于下一步渡江作战所必需的内河出口、桥头堡，要坚决攻歼并控制之。其他一般桥头堡、敌人游击警戒等少数兵力的地点或对我入江无大影响之地，仅派少数部队扫清或予以监视，以便有重点地使用力量。但为了保证下一步作战力量，一般应使用第二梯队执行此任务。在战斗组织上，要注意组织步、炮协同动作，组织炮火压制对岸敌炮兵，封锁江面，截击敌舰，或者以炮兵支援步兵截断敌人退路，截留各桥头堡附近的船只，以保障攻击部队的安全，并搜集船只。

二、严格注意防空。战斗中除组织一定火器，指定专门的部队负责对空射击外，战斗结束后，除留必要的兵力控制要点及内河出口外，主力应迅速向纵深疏散，免遭敌空军攻击。还要注意疏散船只，并组织对空射击部队掩护船只的安全。

三、加强政治攻势。对于北岸敌人的一些土杂部队、残兵游勇，开展政治攻势；对于有把握搞好关系向我投降者，订好条件让他们过江去，以作为下步我军渡江时的内应；对于无把握者，不宜将其驱散，可令其投降，协助我军掌握船只。待我

军扫除江北桥头堡后，则应乘机向南岸之敌开展政治攻势，建立我主力渡江的有利条件。

四、充分考虑到敌情的变化。估计我军扫清敌江北桥头堡后，会促使江防之敌迅速变化，其海军军舰失去屏障，可能会集结或逃窜。各兵团应组织一部分炮兵，分别封锁江面，钳制敌舰，迫其固结在极少数基点，以利于我军下一步作战，同时也更加加大敌海、陆军之间的矛盾。在这种情况下，应加强对敌海军的策反工作。

五、做好渡江的准备工作。在扫清桥头堡后，各部应选择准备下一步作战的炮兵阵地，实施各项准备工作，并应具体组织下一步作战侦察工作，掌握江南情况变化，进一步开展渡江作战各项具体准备工作。各兵团的第一梯队，于4月8日前抵达江边，10日前做好突破敌人江防作战的准备。

最后，陈毅司令员向张震参谋长强调："立即将有关部署情况报军委。"

第二天，也就是3月18日，北京香山双清别墅。

总司令朱德手拿一封电报，走进毛泽东的办公室。对着正在埋头写字的毛泽东，朱德报告道："主席，陈老总又来电报了，他说'攻击浦口、炮击南京的准备业已完成，候军委命令行动'。"

毛泽东一听朱德说话就抬起头来。听完朱德的话后，他笑了起来："哈哈！这个陈毅，一天一封电报，昨天他同粟裕、谭震林（时任第三野战军第一副政治委员）、张震三人来了封电报，只是向我们备个案，他把各兵团的任务都布置下去了。今天的电报，他又说了什么？"

朱德说："这封电报的署名是陈（毅）、饶（漱石）、邓（小平）、粟（裕）、谭（震林）、张（震）。"毛泽东听后高兴地笑了

起来，然后说："哦，又把饶漱石、邓小平拉上了。我来看看他们是怎么说的。"说着，毛泽东从朱德的手中接过了电报。

只见电报上写道：

"部队已按期开进，华东野战军全部均可于3月20日前进至距长江一天路程之线，中原野战军3个兵团计时均已超过淮河，现在位置待查报。攻击浦口、炮击南京的准备业已完成，候军委命令行动。原来的决心是在攻击浦口的同时，全线夺取江北敌人一切据点。我们再三考虑，认为攻击浦口及炮击南京与夺取一切江北敌人据点应同时施行，而且应紧接着开始渡江作战，其中间隔不宜超过7天以上，以三四天为最好。否则，既可使敌人在战役战术上能作比较从容的部署，又会使我江南可靠关系可能遇到很大的困难，而我们则会丧失可能的战役战术的突然性，增加渡江的困难。因此建议：攻击浦口作战，推迟至4月1日开始，以便与10日渡江作战相衔接。如果时间来得及，我们亦有可能提前两三天于7、8日开进渡江。请考虑指示，以便遵行。"

看完电报后，毛泽东对朱德说："部队等不及了，要打过江去，总司令看怎么办呀？"

"他们主要是从军事角度考虑，要求早打。这说明我们的部队有战斗力。但从全局角度来说，还是晚一点扫清江北蒋军据点为好。"朱德说。

"是啊！关于两浦，是否攻占两浦，要待谈判接触数天后才能决定。如果谈判有成功希望，则不要攻占两浦，以利和平地解决接收南京问题；如果谈判没有成功希望，则看军事上是否有必要攻占两浦。如攻占两浦为渡江作战所必需，则攻占之；如无此种必需，则可置之不理。"

朱德扳着手指说："到4月6日还有半个多月，我们应该发

电报告诉总前委他们，请他们注意隐蔽意图，不要过早暴露。"

毛泽东、朱德的决定立即通过电报传到陈毅等领导人的手里。陈毅马上回电表示遵照军委的指示，接着，他还报告了有关情况及他们的想法。他说："敌江北桥头堡主要为控制港口，且大部分又为敌封锁（用船装石头沉下），且有些桥头堡因地形限制，攻占时间要 4 天以上，攻占以后又要疏开港口，无港口者要翻坝（如凤凰嘴，每晚可翻坝入江 15 条船）。如此，攻占桥头堡后，最少需 1 周的准备时间，方能将内江船只驶出江口，才能南渡。照军委电示，4 月 6 日发起攻占江北各据点，需 4 至 5 日，攻占任务完成后，又需一周时间来开港口，并布置船只。如是，正式渡江作战，应延至 16 日为宜。以上是否妥当，特报。"

陈毅作为一名战役指挥员，作为一位认真负责的共产党员，他比毛泽东更了解战场的具体实际情况，他从战役作战的角度出发，争取有充分的时间做好战役作战准备，因此陈毅希望早日扫清江北据点，以便早日渡江。但是毛泽东从战略全局着眼，把军事斗争和政治斗争结合在一起，所以要求晚一点发起战斗。战役和战略的双向结合，就产生了正确的战争指导思想。

在陈毅、粟裕等将领的指挥下，几天内第三野战军就压向长江北岸，只等中央军委一声令下，立即向江北桥头堡发起攻击。

最后，军委与第三野战军领导做出了一项合理的时间安排：4 月 6 日左右开始扫清江北据点，15 日可以进行渡江作战。

1949 年 4 月 7 日晚，大规模肃清长江北岸敌军据点的行动开始了：

第 26 军攻击仪征、泗源沟，于 8 日晨结束战斗，歼敌正规军 1 个营，外加 2 个保安团；警备第 7 旅攻击三汊河、施加桥，歼敌 1 个营。

铁板洲是长江北侧的一个江心洲，以夹江与陆地相隔，守敌为国民党军29师87团3营和该团5连，共300多人。在强大的炮火掩护下，人民解放军第二野战军第3兵团第12军35师104团于18时发起攻击，仅7分钟就渡过了500米宽的夹江，冲上了铁板洲。35分钟就结束了战斗，毙敌80多人，俘虏敌营长以下220人。

土桥是沿江的一个大镇，位于陈阳湖东面，守敌为刘汝明兵团的第55军74师220团，工事坚固齐备。早在抗日战争时期，日寇就在这里修建了许多永久性的碉堡和土围子。后来，国民党军为了固守江防，又在该镇新构筑了一些碉堡、鹿砦和铁丝网，工事较为坚固，并修了码头，备有南渡的工具，江边还常泊有一艘小型军舰作为接应。

第三野战军第24军72师指挥215团和216团，分别从土桥以北和西南方向悄悄地进入攻击阵地，趁着夜里发起战斗，激战一夜，夺取了敌人的外围阵地。216团分别占领了黄柏山、侯家山、苏家岗等外围据点，并前进至土桥南侧江边将敌人包围。

为了防止敌人军舰和飞机的报复性火力打击，人民解放军利用黑夜对交通壕及工事进行伪装，部队进行了隐蔽。果然不出所料，次日上午9时许，敌机3架，军舰4艘，向解放军的既得阵地狂轰滥炸，一排又一排的炮弹带着啸音，飞落在战士们的周围。由于早有准备，各部队未受损失。敌机在狂轰滥炸一阵后，带着哭丧的声音离去。

午后，第三野战军215团炮兵向敌舰进行还击，敌舰"安东"号被击伤，余舰见势不妙，冒着滚滚的浓烟狼狈逃窜。到了傍晚，一发发炮弹呼啸着奔向敌人的阵地，只见敌人的明碉暗堡一个个被摧毁，鹿砦、铁丝网也接连飞上了天，地雷区被

引爆。攻击部队在炮兵的掩护下，采取小群多路的战术手段，巧妙地连续爆破敌人的工事，突入土围子，攻占了敌人的核心阵地，控制了码头，斩断了敌人的水上退路，全歼该镇守敌700多人。

4月8日，第三野战军第20军攻占三江营，激战一昼夜，歼敌正规军1个营及保安部队一部。第25军攻克雍家镇、二坝、将军庙、杨家坝，守敌大部队仓皇而逃。第27军攻克荻港以北桥码头，歼敌一个连……

4月10日，守卫安庆的蒋军桂系部队撤退，安庆不攻而占。

12日，第三野战军第24军攻克太阳洲。太阳洲位于刘家渡东南、长江主航道北侧，是个环水洲岛，守敌为国民党第88军149师的一个营。4月11日，第24军通过侦察得知敌人正在换防，决定趁机发起攻击。夜幕降临，第24军71师211团由东侧先行偷渡，船进抵岸边时被敌人的巡逻哨发现，该部即以迅雷不及掩耳之势，勇猛突入敌阵，仅1小时，就攻占了滩头阵地。随后213团又在炮火的掩护下，由北侧强渡成功。两个团紧密配合，以凌厉的攻势，越过堑壕，炸掉碉堡，拔除核心据点，激战至次日拂晓，歼敌800多人，残敌匆忙过江南逃。攻下了太阳洲，不仅使人民解放军夺得了渡江跳板，而且造成了在部分地段对敌形成钳形攻势，为渡江作战开辟了通道和起渡场。

至此，共克敌集团据点3处，单个据点10多处，江心洲3处，歼敌2个团、6个营、20个连，俘敌6000多人。长江北岸已经安全地处于解放军的控制掌握之中，长江南岸已经完全暴露，江内巡逻的敌舰也处在我军炮火的威胁之下，往日那种得意忘形、横冲直撞的威风，为之一扫而光。

囊中取物攻枞阳

　　位于安徽省菜子湖畔的枞阳镇，是长江北岸的一个沿江重镇。镇南、镇西两面临水，镇东、镇北两面仅各有一条大路通向镇外，地形上易守难攻，地位十分重要。

　　1949 年初，随着人民解放军不断朝着长江北岸的推进，国民党军的第 55 军驻安徽长江北岸的军队及桐城保安团等土顽部队，也逐步向江边的枞阳、刘家渡一带收缩，仓促地在这狭长的范围内修筑工事，企图组成以枞阳镇为主的几个桥头堡为骨干的江北防御线，背水一战，以阻滞人民解放军渡江。

　　枞阳镇内修筑有高墙、地堡、壕沟、铁丝网等工程设施，并以城外的磨金山、大高山两处的集团工事为屏障，个别地段还布设有地雷。枞阳守敌为国民党军第 55 军 29 师 87 团 3 营及 2 营 1 个连，还有团输送连，外围有土顽桐城保安团刘东雄所率领的约 1500 人的地方武装，他们分布在下枞阳、白神庙、关帝庙、方扬庄、贾庄、青山、曹山、出山、磨金山等各个点上，妄图相互配合，相互支援，互为犄角，迫使人民解放军不能顺利到达江边，从而达到破坏人民解放军渡江准备的目的。

　　为了控制渡口、船只，开辟渡江道路通达江岸，使人民解

放军更直接地进行渡江准备工作，3月14日，第三野战军下达了肃清江北桥头堡的作战指示，赋予第7兵团攻歼枞阳镇及其刘家渡地段之敌的任务。

第三野战军第22军根据兵团领导的命令，于3月29日至31日，肃清了枞阳镇守敌刘汝明部5个连并桐城保安2团，打响了渡江战役前肃清江北桥头堡的第一枪。第22军原是华东野战军第3纵队，在刚刚参加淮海战役后，即根据中央军委的命令改称人民解放军第22军，隶属于第三野战军第7兵团。

为了力求一举攻歼枞阳镇之敌，根据兵团的指示，第22军首长命令66师196团于3月16日南下，与先期到达江边的兵团侦察营、军侦察营、第21军侦察营等3个侦察营会合，组成先遣攻歼支队，由原第3纵队副参谋长、现64师代理师长马冠三统一指挥，完成这次先遣作战的攻击任务。

受领任务后，马冠三师长率领有关人员对枞阳镇进行了实地勘察，对作战指导思想和战术手段等进行了充分的研究。并实行军事民主，召集了干部会议，充分发动大家的智慧和聪明才智，为歼灭枞阳镇的敌人出主意、想办法。在会上，大家根据敌情，你一言、我一语地出着主意。有的认为可以实施中心突破，直捣黄龙；有的认为应该迂回攻击，直接插入敌人侧后，断敌退路，防止敌人逃窜，然后由后向前打；有的认为应该像剥鸡蛋那样，一层一层地剥离，最后再端敌人的老巢，这样有利于发挥我军近战歼敌的长处，弥补没有重炮的短处。听了大家的意见，马冠三师长经过慎重考虑，并报军首长批准，制定了兵分两路，先打土顽，肃清外围，再攻占枞阳镇的作战方案。

3月28日夜晚，196团分别由会宫、汤家沟实施战斗开进，进至黄泥岗、黄花桥地区。3个侦察营则直接插至吴氏祠、洪家

岗地区，将土顽桐城保安团各营通往枞阳的退路切断。

29日，战斗正式打响。上午8时，各部队同时向前搜索前进，运动接敌。从西侧向枞阳镇开进的军侦察营一个连和66师侦察连，不久便攻下梅林墩，歼敌一个排，于上午10时即进至距枞阳镇仅500米外，并在此构筑阵地。

第21军侦察营运用军事打击与政治攻势相结合，迫使刘东雄率领的桐城保安团2营进行战场起义。

枞阳镇北侧的磨金山上的敌阵地，是一块难啃的骨头。196团3营经过充分准备，于下午5时以优势炮火相继对几个主要山头实施猛烈轰击，一部分敌人支撑不住即向下枞阳方向逃窜，正好钻入兵团侦察营的口袋中被全歼。在猛烈的炮火及密集的机枪火力掩护下，解放军7连迅速攻占磨金山东半部山峰数座，并立即向主阵地发起攻击，于晚8时半左右占领主峰，全歼敌输送连，俘敌50多名。在7连攻占磨金山东部的同时，8连攻占了磨金山西侧的全部阵地，毙敌一个班，俘敌100多名；9连则迂回到敌侧后，与军侦察营一个连并肩作战，一举攻占了下枞阳。

30日，人民解放军继续肃清枞阳镇东面与南面的外围之敌。到下午1时，2营攻占了敌核心阵地黄土岭，歼敌一个排；3营于下午5时30分攻占了另一个敌人的核心阵地白鹤峰及其周围的全部阵地，歼敌两个排，俘敌100多人。与此同时，兵团侦察营以两个连的兵力在枞阳镇南面的罗塘洲登陆，在他们的军事攻势威逼下，敌人县大队一个连举手缴械投降。至此，枞阳镇外围之敌被人民解放军全部肃清。

扫清了外围，攻打枞阳镇就犹如囊中取物。当天晚上8时，多路突击的攻城战斗开始了。196团1营1连突击班采用攀登等

方法迅速越上城墙，歼敌一个排，并打开东门，掩护全营的进入，迅速占领了四方亭；2营采取巧妙的战术，一举突破了北门，并迅速占领了百步云梯这个制高点，在四毅中学俘敌10多名。经过3小时的战斗，攻城部队在城西门会合，守敌除一小部分乘船南逃外，其余均被歼灭。枞阳战斗至此胜利结束了。

枞阳战斗是第22军进入南方地区的第一次战斗，取得了在江南广大山地及河川地区作战的实际经验。

与此同时，第24军71师212团经过两次交战，于3月31日攻占刘家渡，全歼守敌国民党军第88军447团一个连。

212团于3月31日黄昏发起战斗。刘家渡的守敌虽然仅有一个连，而且孤悬于岸，难以及时得到敌纵深及其海、空军的有效支援，但由于212团的有些指挥员思想上轻敌，战斗组织不够周全，致使当夜未能结束战斗。守卫刘家渡的敌人于拂晓前撤离，退至江岸坝堤工事内负隅顽抗。4月2日下午2时，部队经过认真组织，再次向敌人发起进攻，激战至下午5时，敌人全部缴械投降，战斗胜利结束。至此，江北枞阳镇至刘家渡段的江岸完全为解放军占领，从而使南岸的国民党军也完全暴露。长江展现在人民解放军的面前，它从西边远方的云天交界处跃出，像一匹放任不羁的野马，以它那气势雄伟、一往无前的气魄，向东北方向奔流而去，在不远的地方突然又折向东南，形成一个约180度的弧形，恰似一把明亮锋利的镰刀杀向敌方。

人民解放军的这一作战行动，引起了敌京沪杭警备总司令汤恩伯的极大恐慌。汤恩伯为了防止人民解放军乘胜渡江，急忙于4月初将原位于南京浦口的第96军调至第22军对岸的殷家汇一带，突击修筑碉堡，开挖战壕等，以加强一线江防，妄图凭借长江天堑和强固的防御工事阻止人民解放军渡江。

林遵率舰队起义

1949 年 4 月 22 日凌晨，南京国民党海军总司令部。各个办公室门窗大开，室内一片狼藉，满地都是碎纸片，一幅夕阳西下的战败景象图。

在海军司令桂永清中将的办公室内，没有灯光，仅在靠北边的办公桌上有两支蜡烛摇摇晃晃地发出荧光，使房间显得十分昏暗。此时，桂永清身着海军军服，背着手在室内时快时慢地来回踱步，其身影在东、西、南三面的墙壁和门窗上忽大忽小地闪现，如同一个不断变形的鬼影。

"报告！"一声清脆的口令，使移动的影子突然停了下来。桂永清抬头一看，原来是第二舰队少将司令官林遵。"啊，进来吧！"桂永清说道，"我等你好一会儿了！"林遵在海军总部参谋长周宪章、作战署署长王天池的陪同下走了进来。

"坐下吧！"没等林遵坐下，桂永清就说，"国民政府已迁广州，总部今天也要南迁。我一会儿飞上海，现在我已经把南京的舰艇集中起来，交给你全权指挥。"

见林遵全神贯注地听着，桂永清继续说："你务必于今日傍晚率舰队驶离南京，开往上海。林老兄，这可是党国和总裁交

给你的重任，望你精诚为党国效忠！"

"目前在南京的舰艇如此庞杂，情况各有不同，想全部编队带到上海，实在不是一件易事啊！司令。"林遵想了想回答道。

桂永清接口说道："一些性能老旧、负伤严重的舰艇，你可以全权处置，予以沉没，不能留给共党。其余的，及时检修和维护一下，一定于今晚离开，不得延误。我将电请空军掩护你们冲过已被共党控制的江阴要塞。"

"这些舰艇分属各个舰队，恐怕我难以统驭。请总座亲临旗舰坐镇指挥，我将尽全力协助司令。"

桂永清愣了一下，没想到林遵"将"了他一军。他把眼镜向鼻梁上推了推，忽然严厉地说："总裁有令，要我今天必须赶至奉化，共商国事。"停了一下，他又语气稍缓和地说道："因此，我不可能随舰队一同出发。林遵司令，你年轻有为，指挥若定，屡建功勋。我相信，这一次率舰队东下，一定马到成功！待你到达上海时，我定会亲自到码头迎接，给你们摆庆功宴。"

周宪章、王天池二人也顺着桂永清的意向，猛对林遵奉承吹捧了一番。

"二位可否随舰队出发呢？既然总座要去见总裁。"林遵把头转向周宪章，"参座德高望重，可否到舰队督阵，以保证整个舰队的一致行动。"

好长时间没人说话，空气如同凝固了一般。周宪章、王天池愣住了。

"只要林司令能把舰队带到上海，哪怕只剩下一条舰也属奇功。我定会呈请总裁，保升你为中将副总司令，并颁发青天白日勋章。"好一会儿，桂永清总算打破寂静，郑重地说道。

周宪章赶紧说："我已年老力衰，不堪担此重任。看王署长

是不是陪林司令辛苦一趟，临阵指挥？"

生就一双牛凸大眼、经常面带奸笑的王天池一听，牛凸眼更突出了，头摇得像拨浪鼓一般，脸上的横肉抽了抽，手也跟着摆动："我已年迈无能了！平时也很少上舰队，哪里谈得上临阵指挥。林司令指挥果断，膺此重任，一人足矣。当然，要说到威信，那还是参座督阵为上啊！"

二人互相恭维、推诿，如同狗咬狗，完全没有平日里的霸气，均把自己说得一无是处。

这时，桂永清的侍从副官进来，对坐在椅子上的桂永清的耳边小声地嘀咕了几句。桂永清看了看表，点了下头。

"还是请参座、署座一同登舰为好。"林遵还在继续央求周、王二人。

突然，桂永清猛地站起，把眼睛一瞪，大声吼道："危难看忠臣！国家危难之际，理应效忠党国，不顾生死，共赴国难。可你们却贪生怕死，真是可耻。"

桂永清越说火气越大，破口大骂："他妈的，都是些没用的东西，饭桶！平日里你们个个口气大得不得了，都觉得官小，到了要指挥舰队作战时，却百般逃避，真是他妈的一群缩头龟。"

顿时，办公室内鸦雀无声，几个人都注视着桂永清。桂永清猛地把公文包用力一合，按紧套扣，恶狠狠地叫道："好吧，我们一起上舰，看你们哪个王八蛋敢留在岸上。"

几个人不得不紧跟着桂永清向大门走去。"怕死的桂老头真要跟舰队一起走吗？"他们在心头暗暗嘀咕。

刚走出大门，桂的副官吴家荀抢先一步拉开了停在大门口的轿车车门，桂永清一猫腰钻了进去。吴家荀那扶桂永清的手

随势把车门一关，一抢身上了车前座，"快走！"还没等周宪章等人反应过来，车子已经开走了。望着渐渐远去的轿车，他们几个你看看我，我看看你，面面相觑，哑口无言。过了一会儿，王天池向周宪章使了个眼色，并向林遵一拱手："兄弟多保重，我们走了。"不等林遵说话，他们便迅速地离开。

望着周宪章等匆匆离去的背影，林遵定了一下神，毅然地一转身向码头方向走去。他想召集各舰舰长研究研究下步的计划。

林遵刚刚回到他的指挥位置——"永嘉"号旗舰，也就是负责指挥的军舰上，还没来得及召集部属，就接到桂永清派人送来的亲笔信："着你率队于23日傍晚驶离南京。江阴炮台已于21日易手，已命空军轰炸，并派空军掩护你们下驶。你们务必于23日夜间离开此地，以免空军发生误会。"最后一句，实际上是在威胁林遵，意思是说，如果你们不按时离开南京，我将派空军来轰炸舰艇。

林遵看完信后，考虑了一下便下达了命令，"永嘉"号在南京笆斗山抛锚，并通知各舰艇迅速到笆斗山一带江面上集中待命，随后各舰舰长和炮艇队队长到"永嘉"号参加会议。各舰艇立即起航，向笆斗山地域集中。经过一段时间的航行和调整，11艘军舰和两个炮艇队的50多艘炮艇到达了笆斗山江面。

会议开始后，林遵介绍了桂永清、周宪章、王天池的言行和目前的局势。他说："目前的情况是，江北仪征、三江营一带江道狭窄，有共军强大的炮兵阵地，江阴要塞炮台已易手，'营口'舰失踪，估计已经投奔共军。我们要下驶上海，上述三关是很难过的。"

接着，林遵继续说："桂总司令说，只要我能把大家带到上

海，哪怕就剩一条船，也向总裁保荐，提升我为中将副司令，并授予青天白日勋章。可是，"林遵环视了一下各位舰长，接着说，"总司令已经上飞机跑了，周参谋长和王署长死活也不愿上舰，现在就剩下诸位了，怎么办？请大家发表高见。"

会议室内顿时热闹起来，大家议论纷纷。有的主张把陈旧而且航速太慢的"楚日"、"永绩"两舰毁沉，使舰队能够轻捷前进；有的主张各舰尽可能并靠航行，可提高航速和缩短序列长度。但马上有人提出反对的理由，众人吵吵嚷嚷。就在这时，有人提出起义的主张，说："海军应该退出党派之争，把军舰交出去，举行战场起义，接受中共提出的局部和平的主张。"

几个死硬派立即表示反对，他们说："交出军舰就成了俘虏，当俘虏是可耻的。战场起义实际上就是叛变，我们应当忠于党国，共赴国难，要讲仁义，讲道德。"

"什么仁义道德?!"马上有人站了起来，"蒋介石自己躲到安全的地方，却要我们在前面当炮灰，这能叫'仁'吗？桂永清在此危难之时，坐飞机逃跑了，周宪章、王天池等不愿上舰，丢下我们不管，这能算'义'吗?"

林遵静静地坐在那里，倾听着各方面的争执。渐渐地，林遵心里有底了，与会者中大约有三分之一要走，三分之一要留，剩下的犹豫不决，没有表态。

正在此时，"永定""吉安""江犀""联光"4艘舰从安庆到达指定地域。林遵立即请各位舰长参加会议。在把有关情况给他们介绍后，林遵说："你们4位有何高见？"

"永定"号舰长看了看大家说："打内战，当炮灰，确实令人痛恨。最可恨的是海军部不管我们死活，我舰在安庆时就有人受伤，可无处医治。昨天，我们离开安庆的路上又挨了几炮，

ZHONGWAIZHANZHENGCHUANQICONGSHU

一炮正打中驾驶台，好几个兄弟受伤，缺乏医护人员，又没有止痛药，弟兄痛得满地打滚……"

话未说完，他就痛哭起来。会场一下子静了下来。

过了好一会儿，"吉安"号舰长才打破沉寂，他咳嗽一声后说道："我老婆孩子还在南京，不晓得现在如何，不管别人走不走，反正我是不想走了，我不能丢下她们，也不愿为国民党卖命了。"

话音未落，"联光"号的舰长就接上了茬，他一拍桌子站了起来："桂永清真他妈的不是东西，要我们卖命，要我们当炮灰，却不管我们死活。他把我们丢在安庆，连续 4 个月不发伙食费，真是岂有此理。现在把我们丢在这里，自己却他妈的跑了。"

3 位舰长的一番话，立即改变了会场上的风向，使要求留下起义的意见占了上风，原来反对起义的也不说话了。看到时机基本成熟，林遵向参谋戴熙愉使了个眼色。戴熙愉参谋立即站了起来，双手向下一压，向大家说道："各位舰长，我建议大家来一个民意测验，以无记名的方式来测验一下大家的意愿，从而决定去留。林司令官，你看行吗?"

林遵说："我看可以，大家说呢?"

"行!"大家纷纷表示同意。

经过无记名投票后，林遵向大家发表了讲话："经过大家充分发表意见，刚才又进行了投票。投票的情况是这样的，参加会议人员共 18 人，赞成起义的 10 票，反对的 2 票，弃权的 6 票。我曾个别征询一些人的意见，投弃权票的人中，有的是愿意起义的，有的则愿意随大多数人行动。说明绝大多数人是愿意起义的。"

随后，林遵严肃地告诉大家："起义与否，关系到各位和全

舰官兵的前途，一定要自愿，绝不能勉强。假如哪一位舰长现在还想走，那是可以的，绝不强留。各人的命运由自己掌握嘛！"林遵看见没有人表示要走，便说："既然大家同意起义，那我们再研究一下有关事宜。"

经过最后的讨论，林遵集中大家的意见宣布了4件事：第一，写信主动与解放军联系；第二，各舰电台暂不要与总部断绝联系，但要严格保密起义之事；第三，各舰锚泊太密集，赶紧调整疏散，以防意外；第四，舰队司令部将根据各舰的库存情况，予以必要的物资补充。

送走各位舰长和炮艇队长，林遵长长地舒了一口气，心里盘算着今后的新生活。突然，戴熙愉参谋像想起什么似急步走到林遵的面前，对他耳语道："司令，你知道，'永嘉'舰是桂永清从美国接回的新舰，舰上的军官大都是桂的亲信和死党，该舰长一时迫于形势不得不同意起义，但不一定靠得住。它作为旗舰，而且你就在该舰上，会不会……"

林遵一愣："会不会什么？你说嘛。"

戴熙愉想了一下毅然说道："挟天子以令诸侯！"

这话的意思是说，将皇帝控制在自己的手中，以此为筹码，使天下的诸侯大臣不得不服从指挥。这里暗指"永嘉"号有可能控制林遵，向其他舰艇下达错误的号令，以破坏起义，甚至裹胁大家直接开往上海。

林遵听了觉得有一定的可能性，不可不防。于是，在戴参谋的陪同下，悄悄地离开了"永嘉"号，回到原来的旗舰"惠安"号上。

可是，林遵他们一时疏忽，犯了一个致命的错误，以致差点铸成大错，使整个起义计划失败。原来，他们离开"永嘉"

号时，忘记取走"司令旗"，到"惠安"号后又没有及时升起"司令旗"。

果然如同戴参谋所预料的，22日傍晚时分，"永嘉"号反水了。他以旗舰的名义，发出"各舰起锚，准备开航"的信号。除"惠安"号以外的各舰艇，均以为是林遵司令的命令，顿时下令升火起锚，一时间整个笆斗山江面浓烟滚滚，汽笛声响成一片。

"太原"舰舰长陈务笃正在舰长室内准备行动方案，突然听到报告说，旗舰命令起锚，准备开航，顿觉得有些不对劲：原计划是就地先疏散，然后根据与解放军联系的情况再确定航向，怎么会这么快就开航呢？

陈务笃奔上驾驶台一看，十几艘军舰的烟囱都突突地冒着黑烟，有的主机已经发出隆隆的响声，有的正在起锚。他向上游看去，但见"永嘉"号挂着"司令旗"，桅杆上挂着"紧急起锚，准备起航"的旗号，信号灯正在频繁地与几条军舰进行通信，重申命令。

在"永嘉"号的率领下，很多舰艇发出了战斗警报，站踞了炮位，汽笛响成一片。只见"永嘉"号舰艄翻起巨大浪花，斜着舰身急速地调过头来，桅杆上升起一串"跟我走"的旗号，接着便以极快的速度向下游驶去。在其身后，紧跟着"永修"、"永定""美亨""武宁""永绥""美盛"等舰，一艘艘舰艇如同疾风一般，掠过"太原"号右舷，向长江下游驶去。

"楚日"号是艘老舰，动作较慢，起锚后徐徐驶向"太原"号的右舷。该舰长与陈务笃较熟，见该舰没有任何行动，陈舰长站在船头四处张望，便大声喊道："老陈，你怎么还不起锚呀？"

"你们上哪里去？"

"下去呀！司令都走了，你还不走吗？"

"不对吧！你看老旗舰'惠安'号正在发信号。"只见"惠安"号发出的信号是："各舰，司令在本舰上，并未下达起航命令，请各舰原地待命。"

陈务笃知道各舰上了"永嘉"号舰长的当，立即乘炮艇前往"惠安"号。当他登上"惠安"号的前甲板时，林遵正站在舷侧。

林遵一见陈务笃非常高兴："你没走，我很高兴。"

"人说话要算数，要讲信义。决定了起义，怎么他们又都跑了呢？"

林遵把手一摊说："我也正在纳闷呢？"

"我看坏就坏在司令到'惠安'号时，没有及时降下'永嘉'号上的令旗和升起'惠安'号上的令旗，有些舰长还以为司令仍在'永嘉'号上。'永嘉'号假传圣旨，许多舰长未能认真思索，盲从地以为是司令的命令。刚才，我与'楚日'号的舰长对过话，他就是以为是司令下达的开航命令。"

林遵一听如梦初醒，后悔不已。这时，一直站在司令旁边的参谋戴熙愉急忙建议道："如果是误会，我们就用电台叫住他们。"

"那好哇！戴参谋，这事就请你去办吧。"

"是！"

"等一下。"陈务笃赶紧说道，"司令，我想最好是用报话机，由司令亲自喊话，这样他们才可能很快返回。"

于是，林遵亲自用报话机进行喊话。听到司令的声音，那些尚未走远的舰艇都调转方向，驶了回来。由于报话机的通信

距离所限，那些走远了的舰只便难以联系上了。

　　当天晚上，林遵派戴熙愉去浦口，找到了人民解放军第三野战军第35军联络部长张普生。张普生高兴地握着戴参谋的手说："我们知道你们起义，可是到处都找不到你们。现在你们来了，我们特别高兴，热烈欢迎你们弃暗投明。"

　　1949年4月23日，林遵率国民党海军第二舰队"惠安""江犀""联光""太原""吉安""永绥""楚日""安东""美盛"等军舰和第一、第二两个机动炮队各种舰艇25艘，官兵1200多人，于南京笆斗山江面起义，参加了中国人民解放军。

战斗在敌人心脏

1947 年下半年，人民解放军由战略防御转入战略进攻，国民党军队节节败退，经济日趋崩溃，但国民党妄图进行垂死挣扎。为了镇压在国民党统治的地区的革命力量，国民党政府先后颁布了《维持社会秩序临时办法》、《特种刑事法庭组织条例》等一系列反动法令，妄图维持其摇摇欲坠的统治。

面对这种形势，中共南京市委充分估计到敌人的垂死挣扎将会给地下工作造成的困难，一面强调"稳扎稳打"，继续动员群众与反动派作斗争，揭露他们的腐败，另一方面，撤退一部分暴露的党员与非党进步人士到解放区去，同时加强重点工厂、学校、机关的组织力量，加紧训练干部。

1948 年 1 月，工人工作委员会的负责人彭原同志因叛徒出卖被捕，同天被捕的还有张家元、孔罗礼等同志，致使下关地区党支部的活动完全停顿，支部书记马继善等 5 位同志不幸牺牲。

1948 年 5 月，两浦铁路工人就一再向厂方提出发还欠薪，要求发米贴，但路局方根本不理，黄色工会则站在厂主一边。直到 6 月中旬，米贴问题仍未得到解决，群众十分愤怒，向黄色

ZHONGWAIZHANZHENGCHUANQICONGSHU

工会提出要求，结果工会与厂方互相推诿。事前中共已发展了一些党员，这些党员分布在车务、机务、检车段、港务所等地方。鉴于铁路工人中党组织力量较强的实际，中共南京市委为了牵制国民党当局，减轻长江北岸解放军的压力，决定发动一场大罢工。

7月2日，两浦地区一场暴风骤雨终于爆发了。浦镇机厂工人率先罢工，浦口工人迅速响应，声势浩大。当浦镇罢工工人游行队伍到达浦口车站时，自来水厂、电厂等厂矿的工人也闻讯而起。工人们高呼："两浦铁路工人团结起来！"

工人的罢工，使得两浦机器停开，机车不动，车站无人售票，水电也没有供应，一列列军车不能开出，严重影响了津浦、陇海等路列车的正常行驶，急得国民党政府毫无办法。

铁路当局向法院控告工人罢工是"捣乱""破坏秩序"，由于"本月初正值中央大军与匪军激战于黄泛区之间，运输部队军用物资万分紧张，实为有意妨害戡乱"。他们虽然逮捕了一些工人领袖，但广大工人群众在中共地下党的支持下并不妥协，一致要求改善生活，争取生存权利。最后，反动当局无可奈何，只好答应了工人的部分要求，释放了被捕工人。这次罢工宣告胜利。

两浦铁路工人的工潮也影响到其他产业部门。要求发放米贴的消息一经传出，各工厂纷纷掀起工潮，资源委员会下属的几个企业、兵工系统等都行动起来。在中共地下党的领导下，这些斗争基本上均取得了胜利，因此，进一步提高了共产党在工人中的威望，党员的数量不断增加，一些没有共产党员的空白单位也发展了党员。

鉴于国民党当局在中央大学等学校大肆逮捕进步学生，不许学生组织自治会，破坏民主选举等实际，中共南京市委坚决领导学生进行反迫害运动。1948 年 4 月 1 日，成立了"中央大学学生争取自治院系联合会"，后改为"学生院系自治联合会"，使敌人难以达到控制的目的。由于得到了广大群众的拥护，中央大学学生争取自治、反对迫害的斗争取得了重大胜利。

为了迎接解放军渡江，减少解放军的流血牺牲，顺利占领南京，必须进一步加强情报与策反活动，中共南京市委经过研究，决定采取有效措施，采用攻心战术，积极开展策反工作，以便里应外合，使敌人内部发生动摇，弃暗投明，从而使敌人的陆、海、空军失去抵抗力。在敌人溃退前，要防止敌人的破坏，保卫好人民财产，制约国民党迁移人力、物资去台湾，使国民党的公务人员不跟着逃跑，争取有用之才能够留下来，为新中国服务。同时，应充分考虑好解放后的接管工作，以便中国共产党顺利接管城市，恢复生产。为此，一是成立专门的策反部门，负责在国民党军队中进行策反；二是建立文化工作委员会，想方设法控制媒体、电台等舆论工具；三是进一步加强警察工作委员会的工作，准备在南京解放时维持社会治安，保卫地方安全；四是建立公务员工作委员会，积极在国民党政府、国民党中央党部、国民党军队的各级机关发展对象，进而发展为中共党员，通过他们搞情报，保护档案、资料等。

经过有效的策反，1948 年 12 月 16 日，在南京发生俞渤驾驶 B－24 轰炸机起义的事件，对整个蒋管区产生了极大的震动。俞渤原是国民党空军第 8 大队的飞行员，有一定的正义感，厌恶内战，积极寻找中共地下党组织。鉴于这种情况，中共党组织派地下党员、在国民党南京空军医院当军医的林诚与他联系，帮助他进步。在党组织的教育下，俞渤要求在起义前批准他入

党。经过考虑，党组织批准了他的请求。16日晚，正当蒋介石在空军俱乐部召开庆祝会，嘉奖飞行人员时，俞渤驾机起义了。他本想把炸弹仍在俱乐部头上，可惜没有命中。一阵强烈的爆炸声震动了整个南京城，国民党紧张得全城戒严，四处派出特务，并派飞机进行追击，但一无所获，这架飞机早飞到石家庄解放区去了。这是第一架从南京起义的飞机，在俞渤的带动下，随后上海、西安、杭州、香港等地均有国民党的飞机起义，飞往解放区。

地下党员沙轶因的姐夫杨兆龙当时任国民党政府最高法院检察署检察长，思想比较倾向革命。党组织通过沙的关系，与杨兆龙谈话，了解到他深感国民党政府腐败，司法界黑暗，决心弃暗投明，为共产党做一些工作。党组织希望他同代理总统李宗仁做工作释放政治犯。经过反复做工作，李宗仁迫于全国形势，终于下令宣布释放政治犯，使得南京被捕的几个党员和进步群众也得以释放。杨兆龙还在南京解放前夕，将检察署的档案材料保存下来，解放后完整地交给了军事接管委员会。

随着南京解放的时间表越来越近，中共南京市委对敌人可能采取的行动进行了判断：一是负隅顽抗，死守南京，力图造成南北朝划江而治的局面。二是且战且退，逃往西南。在此之前，敌人可能会纵火烧杀，破坏全城，如工厂、学校、机关、仓库、码头、轮渡及各种设施，劫走档案、文物等。三是自认失败，插白旗投降。经过研究，大家认为第二种行动的可能性最大。因为敌人兵力不足，派系林立，不可能固守南京，所以，必须做好保护人民财产的充分准备。并提出了具体的应对措施：一是瓦解敌人宪兵警察力量，准备内应；二是组织群众护厂、护校，保护机关、仓库，维持地方治安，特别重视人民的自卫

力量和利用敌人的起义或投诚力量；三是调查敌人机关人员、物资、地产、特务组织，准备接管；四是稳定人心，宣传中国共产党的方针政策，使大部分公务人员留下，为人民服务。

虽然国民党军在前线已经溃不成军，但在南京这个国民党政府的首都城内还是敌强我弱，因此中共地下党组织必须"积蓄力量"，"待机而动"，充分利用合法组织开展工作。当时，敌人在各机关纷纷组织了所谓的"应变会"，准备逃跑。但许多"应变会"中都有我们的同志或者同情我们的朋友。

中共南京市委及时调整了组织，以适应今后的接管工作：抽调一批党员去加强工人、学生、店员、公务员等工作；加紧组织工人自卫队，布置夺取敌人装备；发动一部分群众和党员参加"应变会"，以保护工厂、学校、机关，并通过他们清点物资，登记造册。中央大学的"应变会"里我们的同志设法从警察手中弄到200多枝枪和一部分弹药，进而武装了我们的纠察队，用以保护学校的安全。另外，地下党还通过邮局，发出许多给国民党各机关负责人的信，宣传中共的政策，要求他们立功赎罪，保护人民财产，规劝他们不必弃家逃往台湾。

敌人本来准备将一些工厂迁往广州，并威胁说，如果不迁走就放火烧毁。地下党提出了"职工团结，劳资合作，保厂护家，共度难关"的口号，并立即组织职员、工人一同护厂，反对迁移。同时还成立了保厂护家指挥部。为了防止破坏，加固了门窗，增加了纠察队站岗，围墙加装电网。经过做厂方的工作，权衡利弊后，厂方最后决定不迁，并出了一笔钱，购买了3个月的粮食，准备长期坚守。

经过一段时间的努力，南京城内由工人、苦力、店员组织起来的自卫队约数千人，警察内部可以控制的约2000人，从而

保护了全市土地财产登记册，并制订了300多本账册。在保护人民财产方面，除下关车站和国民党政府司法行政部被敌人临走时放火烧了一部分外，其余机关均完整地保护下来，并且保证了南京的电、水、电讯、轮船、火车、汽车交通等在解放时均未停过。

1949年1月，中共地下工作者弄到了一份美蒋联合绘制的长江水文、地形、地貌和江防工事图，送给了刘伯承、邓小平。经过研究，认定这是一份极为重要的情报，作用很大。但由于对图上的水文符号不太懂，专门请河南开封市水利部门的专家帮助识别，经情报部门进行一一注明后，翻印了若干份下发部队，进一步作实地考察和订正。

3月底，皖南游击队派专人来到第二野战军司令部，准备接应人民解放军渡江。刘伯承司令员专门听取了汇报，要求皖南游击队进一步把东南数省的交通、居民点的人口密度、粮食供应等情况搞清楚。经过皖南游击队及地下党组织的努力，人民解放军绘制了东南数省的兵要地志图，并找了一家印刷厂进行印刷，到4月15日左右发到营级以上单位，使人民解放军有了渡江作战的行动路线图。

4月，中共中央下达了"入城指示"，明确了人民解放军已经做好一切渡江准备，要求地下党也做好迎接解放军进城的准备。中共南京市委迅速作出决定：控制各警察局的人、枪、弹，保护电台、电厂、自来水厂、桥梁、仓库等重点设施，利用已经掌握的力量维护地方交通与治安，并组织船只迎接解放军部队过江入城。

4月21日，中共中央发出了"打过长江去，解放全中国""向全国进军"的命令。20日午夜和21日晚，人民解放军的中

突击集团和东、西突击集团，分别在各口岸发起强大的渡江作战攻势，一举突破了敌人的江防，南京城内已经能够听见人民解放军隆隆的炮声。就在人民解放军即将渡江入城前，国民党军队纷纷向南溃逃，一切镇压人民的统治力量完全解体，城里一下子变成了无人管理的真空地带，有一些坏人想乘机打劫，中共南京市委立即号召各部门各级组织，全力以赴地保护人民群众的财产，有效地制止了南京可能发生的动乱。

英舰挑衅遭惩戒

1949 年 4 月 21 日，在我军东突击集团三江营至张黄港起渡江段发生了一件意外事件。

当天午饭过后，正在忙于渡江准备的第 23 军前沿阵地的官兵，突然发现七圩港以东江面上开来了两艘兵舰，行进速度很慢，舰上有人不时地拿起望远镜向我方阵地窥探，显得来路不正。

此情况迅速上报到第 23 军军部。陶勇军长对这一异常情况高度警觉：我军渡江作战在即，部队已奉命封锁江面。在这个时候突然冒出两艘形迹可疑的军舰，不可等闲视之。

为了进一步弄清情况，陶勇等军首长立即赶往江边。

此时，江上的雾气尚未散尽，就看见在离岸不远的江心处，一大一小两艘军舰依稀可见。

透过望远镜，陶勇等军首长看到：两艘舰艇上高挂着花花绿绿的"米"字旗，金发碧眼的洋鬼子大大咧咧地在甲板上来回走动，巨大的舰炮张牙舞爪，正虎视眈眈地对着我江边阵地。

懂得点英文的军政治部主任谢云晖辨认出，其中一艘舰上标有英文"伦敦"字样。原来是英国海军的舰艇。来者不善，善者不来，这不速之客肯定是针对我军渡江而来的。

陶勇军长当即命令沿江部队加强戒备，密切监视英舰的举动，并立即返回指挥所向上级报告。

下午4时，离渡江开始时间还有2个小时之际，陶勇给第10兵团司令员叶飞打电话："报告司令员，在我渡江段的江面2千米处，有两艘军舰游弋不走，阻碍我军渡江，请示是否将其驱逐？"

叶飞开始还以为是军委和总前委通报的即将起义的国民党海军第2舰队，便询问道："这些军舰是不是挂着规定起义的联络讯号旗？"

"没有。挂的是花花绿绿的'米'字旗，初步确定是英国鬼子的军舰。"陶勇回答道，并建议立即将其赶走。

叶飞司令员考虑到部队即将启渡，事不宜迟，在请示总前委得到肯定的答复后，便向陶勇军长下达命令："前沿部队立即向游弋江面的军舰发出警告信号。如若其一意孤行，继续滞留在我军渡江正面，可以向其进行警告性射击，驱逐其离开我军即将渡江的地段。"

接到命令后，我军前沿即将启渡的部队，立即向其发出了警告信号。但这两艘英国军舰，非但不走，反而全速驶向我防区，并将舰上的炮口指向我军阵地。

令人愤恨的是，丧心病狂的英舰悍然向我军阵地开炮，我军第23军68师202团和69师205团阵地相继遭到炮击，阵地上顿时冒起股股浓烟，202团团长邓若波同志中弹牺牲，政委陈坚负伤，还有40多人负伤，还打伤了不少群众，打坏了不少民房。

我军将士义愤填膺，炮6团和部署在沿岸阵地的炮兵奋起自

卫还击。随即双方发生了激烈的炮战。我军强大的炮火霹雳般地向英舰倾泻，水柱四溅，硝烟弥漫，顿时英舰所在的江心烟雾腾腾。

我军一枚枚仇恨的炮弹雨点般地朝英舰砸去，接二连三地在甲板上开花。这些骄横跋扈的洋鬼子们，往昔常在中国的内河里横冲直撞，见惯了奴颜婢膝的软骨头，哪里见识过这等威武之师？在我军英勇还击下，只见英舰上的官兵一个个只顾抱头鼠窜，东躲西藏，其舰炮不一会儿就哑了，完全现出了其纸老虎的本质。

经过一段时间的激烈战斗，其中的一艘军舰带着滚滚浓烟颠簸摇晃着，不得不挂出哀鸣求饶的白旗，收敛起它那大英帝国的威风。最后，两艘英舰带着累累弹痕，掉转航向朝下游逃去。担任观察的战士发现，其中一艘敌舰上那被击中而破碎的"米"字旗，在江风的劲吹下越扯越破，终于无可奈何地飘离舰体，翻滚着落入长江，顿时淹没在滚滚波涛中。

事后查明，向我军挑衅的两艘英舰，除旗舰"伦敦"号外，还有一艘为驱逐舰"黑天鹅"号。打出白旗和其"米"字旗被打掉的，正是这艘"黑天鹅"号。

就在前一天上午，英舰"紫石英"号等舰就由镇江方面闯进驻三江营部队的防区，并以舰炮猖狂地炮击我军阵地，打死打伤我军官兵250多人。我军予以坚决还击，"紫石英"号负伤逃至镇江附近搁浅，另一艘"伴侣"号中弹后向下游逃遁。

由此可以看出，英舰"伦敦"号和"黑天鹅"号此行的目的，显然是为了向我军寻衅报复，企图干扰阻碍我军渡江。令英舰没想到的是，偷鸡不成倒蚀了一把米，不但其阴谋未能得逞，而且其舰艇还遭到重创。当天坐镇"伦敦"号指挥的英海

军远东舰队副总司令梅登中将，也被弹片击中数处，险些丧命；该舰舰长卡格列也负了伤。

英舰的卑劣行径，不仅阻挡不了我军的渡江，反而使自己威风扫地，狼狈不堪，这是英国殖民主义者应有的下场。

我军还击英舰挑衅的正义之举，维护了中华民族的尊严和国家主权，在世界各地引起了强烈反响。进步舆论纷纷予以支持，给予了高度评价，而伦敦白金汉宫的少数人则觉得脸面大损，坐立不安，有的强词夺理为英舰的暴行辩护，有的还叫嚣要派一两艘航空母舰到中国海上去实行报复行动。

针对英国的所作所为，4月30日，中国人民解放军总部发言人郑重发表声明，有力地驳斥了英国的言行："我们斥责战争贩子丘吉尔的狂妄声明。四月二十六日，丘吉尔在英国下院要求英国政府派两艘航空母舰去远东，'实行武力的报复'。"

由毛泽东同志亲自起草的这份声明，充分体现了毛泽东的风格："丘吉尔先生，你'报复'什么？英国的军舰和国民党的军舰一道，闯入中国人民解放军的防区，并跑进中国境内做出这样大的犯罪行为，中国人民解放军有理由要求英国政府承认错误，并执行道歉和赔偿。难道你们今后应当做的不是这些，反而是开动军队到中国来向中国人民解放军进行'报复'吗？"

毛泽东亲笔撰写的声明，气势磅礴，非常精彩，有力地驳斥了英国政府及有关人员的奇谈怪论。在觉醒了的"东方雄狮"面前，英国的航空母舰终究没敢开到中国海上。英舰挑衅的可耻失败，充分表明昔日饱受屈辱的"东亚病夫"终于堂堂正正地站立起来了！充分表明自鸦片战争以来帝国主义列强侵略、奴役中华民族的历史终于结束了！

初试锋芒神威扬

1949年2月下旬的一天，位于河南商丘东南郊的张菜园的第二野战军指挥部里一片繁忙，参谋们有的正在接电话和打电话，有的正在贴于整个北墙的大地图上标绘着什么，有的正在书写着什么，唯独刘伯承司令员一人静静地坐在桌旁，睁大眼睛盯着地图思索着什么。

突然，门外传来一个响亮的声音："报告。"

"进来。"刘伯承司令员向门口望去，原来是奉命前来报到的孔从洲同志到了。

刘伯承亲切地与其握手，一阵寒暄之后，刘伯承司令员转入了正题：

"从洲同志，今天我找你来，是有件事要告诉你。为了适应战争形势发展的需要，中央军委指示各野战军加强特种兵建设。我们准备以野战军现有的炮兵、工兵、坦克兵为基础，建立一支特种兵纵队。"

说完，刘伯承司令员略一抬头，看了一眼窗外，接着说："随着解放战争的胜利发展、我军装备的改善，我们已经具备建立一支特种兵纵队的条件了。现代战争是诸军兵种的合成作战，

建立特种兵部队不但对即将到来的渡江作战有用，而且在将来胜利之后，还要以特种兵纵队为基础发展特种兵，以适应国防现代化建设的需要。"

孔从洲听了之后，不由得对刘司令员的高瞻远瞩和远见卓识感到敬佩。

月底，特种兵纵队在商丘正式成立。第二野战军参谋长李达兼任司令员和政治委员，孔从洲任副司令员，谭善和任副政治委员。部队由榴弹炮团、工兵团、坦克大队各1个以及有关保障单位所组成。

渡江战役开始前，特种兵纵队根据上级的作战意图和指示精神，结合部队的实际，针对特种兵的使用原则，积极地向野战军首长提出了集中兵力，将120门以上的重火器（包括迫击炮）配属给第3、第5兵团，部署于安庆东西沿线，实施重点支援的建议。即把特种兵纵队榴炮团1、4连（榴炮7门）和第4兵团的一个野炮营及各兵团所属炮兵，共集中山炮、野炮、榴炮60多门，分编为6个炮兵群，支援第3兵团于鸭儿沟、下枞阳、铁板洲等处强渡；把特种兵纵队榴炮团2、3连（榴炮7门）配属给第5兵团，连同兵团所属的炮兵，集中山炮、野炮、榴炮50门，分编为7个炮兵群，于安庆以西下沟至吉阳段支援第5兵团强渡；第4兵团集中山炮、野炮40多门以及特种迫击炮、战防炮组成两个炮兵群，配署于彭泽至望江段，掩护该兵团于八保洲和华阳镇强渡。

为了达到最佳的射击效果，各炮兵群采取梯次配备：山炮、野炮阵地配置于头道堤，榴弹炮阵地位于二道堤，以火力掩护步兵登陆，保证渡江部队不受挫于江面。

4月21日的渡江作战中，第二野战军特种兵纵队的炮兵发

挥了强大的威力，仅榴弹炮弹就发射了 600 多发，给敌人以沉重的打击，有效地支援了步兵部队夺取滩头阵地的行动。

与此同时，第三野战军特种兵纵队于 3 月份在山东沂水成立，时任新四军兼山东军区司令部参谋处长的陈锐霆，被任命为第三野战军特种兵部队司令员。一开始编制两个炮兵团：1 个汽车牵引的美式榴弹炮团，1 个骡马牵引的榴炮和野炮团。随着缴获装备的增多，部队也不断扩大。到渡江战役开始前，第三野战军特种兵纵队已经发展到编制 6 个炮兵团，1 个工兵团，1 个骑兵团，1 个战车团，1 个特科学校，1 个高射机枪营，共有美式 105 榴炮 71 门，日式 105 榴炮 23 门，日式 75 野炮 72 门，汽车 362 辆，骡马 1637 匹。渡江战役中，第三野战军首长将特种兵纵队的 6 个炮兵团全部分别配属给第 7、8、9、10 兵团，使每个兵团至少得到 1 个炮兵团的加强，其中第 10 兵团得到 2 个炮兵团又 1 个炮兵营的加强。这些炮兵和兵团所属的炮兵，都分别编成了炮兵群，担负支援部队渡江作战的任务。

工兵团刚组建不久，就开赴蚌埠架设淮河大桥，修筑从徐州至长江边遭国民党军疯狂破坏的公路和桥梁，修建码头，改装趸船以保证重装备渡江。到战役发起时，他们驾驶刚学会操作的 40 部操舟机，来往于长江两岸，输送第 7、第 9 兵团第一梯队部队渡江。

第三野战军炮兵部队的主力配置于靖江及其以西沿江北岸地域，支援各军的炮兵也抵达预定位置，对长江南岸敌人的防御设施、碉堡和火炮的位置，都编号绘图测算出射击诸元，与担任突击任务的步兵部队规定了各种联络信号，并根据上级指示，封锁了江面，严禁任何船只进入控制区，只等一声令下，就以炮火支援步兵作战。在渡江战役实施中，第三野战军特种兵纵队炮兵和各兵团炮兵以强大、猛烈的炮火，摧毁敌江防滩头阵地，压制敌炮兵，支援、掩护、护送第三野战军渡江部队航渡、登陆和向纵深发展进攻，为夺取渡江战役胜利立了大功。

20日上午8时许，1艘外国军舰划破江水，由东向西疾驶，舰身涂了英国徽记，大英帝国的"米"字旗在船尾招摇。这是1艘快速舰，舰名是"紫石英"号。它在中国内战方酣、人民解放军即将渡江的关键时刻，未经解放军许可，就贸然闯入解放军控制的江面，究竟是何居心？

第三野战军部署于北岸的特种兵纵队炮兵，立即进行了警告射击——发射了1发炮弹，英舰不予理睬，继续向西驶去。解放军炮兵又朝英舰的前方开了1炮，英舰仍然毫无顾忌地傲然前进，即将进入三江营江段了。

三江营南北江岸呈乳房状伸入长江，江流绕岸曲折前进，江面也显得十分狭窄。配属给第8兵团的第三野战军特种兵纵队炮兵3团的两个炮连就配置在这里。他们向对解放军发出的警告置若罔闻的"紫石英"号，进行了准确的火力堵截和夹击。

"紫石英"号的射击根本无法阻挡解放军的炮火，很快，该舰炮塔被毁，指挥台被击中，航向失控，越出航道搁浅于靠近南岸的江上，舰长斯金勒少校重伤殒命，副舰长威士敦上尉也负了重伤。该舰中弹30多发，舰上水手有60多人弃船游向南岸。在这种情况下，该舰慌忙升起一件白色的衬衣，于是解放军停止了炮击。

下午1时，英国驱逐舰"伴侣"号从南京疾驶三江营增援

"紫石英"号。"伴侣"号的到来，立即招致了解放军炮兵的射击。准确的炮弹纷纷落在船上，该舰连中5弹，乃全速下驶脱离解放军的炮火。随后不久，"伴侣"号又折回沿北岸上驶，利用解放军炮兵掩体与江岸形成的死角，击毁了解放军的两门野炮。但当该舰越过乳房状的岸边时，被解放军的榴炮弹穿透其联装主炮，击毁了其指挥塔，舰长罗伯臣中校负伤。该舰在解放军炮火的轰击下，带着满身的创伤，驶离战场，逃往江阴方向。

英国远东舰队总司令部收到两艘英舰相继在长江中弹受创的报告。舰队总司令海军上将布朗特因还在伦敦，副总司令梅登中将便亲自登上远东舰队的旗舰"伦敦"号，并率领快速舰"黑天鹅"号由上海赶赴长江。

21日上午，"伦敦"号和"黑天鹅"号从江阴出发，以极其缓慢的速度溯江西驶。下午4时，距发起渡江战役总攻尚有1小时，配属第10兵团的第三野战军特种兵纵队炮兵6团遵照兵团的指令，开始向英舰射击。首发炮弹就准确地落在"伦敦"号的指挥台上，舰长卡格列上校当场负伤，炮弹的碎片撕裂了梅登中将洁白的海军制服。英军虽然也频频地用舰炮进行射击，但很快便陷入解放军的火网之中，只好调头逃离。

次日，上海各大报均以醒目的标题并附遭受重大创伤的英舰图像报道了这一特大新闻，长期遭受帝国主义压迫凌辱的上海人民无不欢欣鼓舞。人民解放军同英国远东舰队的激战，在世界上引起了震动。美国权威方面对英海军死伤之重感到惊讶。所有纽约的报纸均以最大的字体报道了这一新闻。法国和其他一些国家的报纸也在头版予以报道。

经过三次战斗，根据当时双方公布的伤亡统计如下：英方

"紫石英"号舰长阵亡，副舰长负伤，船员死亡17名、负伤20名；"伴侣"号舰长负伤，船员死亡20名、负伤15名；"伦敦"号舰长负伤，船员死亡15名、负伤13名；"黑天鹅"号船员负伤7名。人民解放军伤亡252人，野炮被击毁2门。

争当渡江第一船

1949 年 4 月 20 日上午，担任中国人民解放军第 15 军第一梯队的 44 师，隆重地召开了渡江作战誓师大会。秦基伟军长代表军党委，把分别绣有"打过长江去""解放全中国"的两面辉煌艳丽的大旗，分别授予担任主攻的 44 师的 130 团和 131 团。可别小看这 10 个字，它不是一般的战斗口号，而是中国共产党人执著奋斗、决不信邪的彻底革命精神的写照，是粉碎国民党所谓划江而治阴谋的有力回应，它大气凛然，足以撼天地、泣鬼神。

被授予旗帜的团队异常兴奋，不断地振臂高呼："为了中国人民的彻底解放，坚决突破敌人江防！""只有前进，没有后退，誓把红旗插上香山、黄山！"指战员们的呐喊和着澎湃的长江涛声，在天空中激荡和回响。

下午 3 时，我炮兵对敌人的工事、弹药所、灯塔等重要目标进行了火力摧毁，准确的炮弹一发发命中目标，南岸顿时为烟幕所笼罩，对敌人产生了强大的心理震撼，而我军准备渡江的部队受到了极大的鼓舞，大家纷纷议论：咱炮兵打得真准，这下够国民党反动派喝一壶的了……

下午4时45分，担任突击部队的130团和131团1营的官兵开始登船，并开始沿长河等河汊向长江边运动。

在金灿灿的落日映照下，河面一片金黄，12里的长河上挤满了渡江的船只，指挥员们昂首挺立在各自的船头，轻声吆喝着"左舵""右舵"等口令，俨然是一位位熟练的船长。战士们根据口令，使用船桨、小锹等工具奋力地划着，原来不识水性的官兵们此时都成了懂行的水手。

炮声慢慢地寂落了，黄昏时分的寂静悄悄地漫了过来，此起彼伏的船桨声显得更急。

下午7时30分左右，船只纷纷拥到长河河口处，但突然发现长河上架设的浮桥事先未予拆除，阻碍船只的前进，队形十分拥挤。此时若被敌人发现，使用炮火进行打击，将会遭受巨大的损失，气氛显得十分紧张。幸运的是，敌人一直未发现我军企图，只有零星的盲目射击。突击部队仓促对浮桥进行拆除，延误了近两个小时的时间。

此时，天上下起了绵绵细雨，江面上愈加迷茫。数百只船出了华阳渡口进入长江，130团在长河河口以西，131团1营在河口以东，沿着江堤一字形排开。根据预先的作战计划，各部队进行渡江的最后准备，有的在进一步明确任务，有的在清点弹药物资，有的在校正登陆目标和方位。待一切准备完毕后，便焦灼地等候着出击的命令。

历史的时间指到了当晚23时，东北风突然刮起来了，船工们大喜过望，纷纷说"天随人愿，共产党有福，解放军有老天爷保佑"。起航突击的命令也到达了，只见数百只船舶如离弦之箭，直趋中流。各艘船的船尾灯把江面映得流光溢彩，吱吱呀呀的扳舵声此起彼伏，响成一片。

10多分钟后，44师报告："船到江心，一切顺利。"

谁知话音未落，夜空中突然亮起一长串照明弹，发出怵目惊心的闪光，江中的船队暴露到照明弹的光亮中，敌人发现了我们的渡江行动，顿时南岸迸发出一片猩红的火光，枪炮声响彻夜空，江中掀起一根根水柱，激起一片片水花。

偷渡不成，各部队遂按原计划转为强行攻击。只见各艘船扯起篷帆，加速前进，点点白帆在炮火中颠簸前进。我炮兵对敌人的主要火力点进行了局部压制，隆隆炮声在长江上往复回荡。

在敌人的火力打击下，船舶队形交错，有些船开始偏离航向。第15军军长秦基伟立即抓起电话对44师师长向守志说："告诉第一梯队对准目标，掌握好方向，个把船漂下去无碍大局。第二梯队按计划起渡，成败在此一举，一定不能犹豫！"

根据上级的命令，各个部队和每艘船都果断地采取措施，以"有进无退，争当渡江第一船"为战斗口号，勇敢地向预定的登陆点进击：

130团团长李钟玄面部负伤，血流不止，也来不及包扎，毅然挺立在船首，指挥部队作战。

130团6连1排的战船，在航渡过程中被敌炮火击中后舱，2班大部分人员伤亡，船工牺牲，江水涌入船舱，情况十分严重，在该船上指挥的连长罗金印不顾自己多处挂彩，拼力扳舵，一边组织部队排水堵漏，一边鼓舞大家："人人要做硬骨头，加快速度靠岸。"大家奋力前进。

"红三连"2排战船上的老船工被流弹打伤，接着桅杆也被炮弹削断，连同帆篷倒入江内，船失控了，战士张国正奋不顾身地冲上去，迎着弹雨把定舵柄。

指导员周福棋见兄弟战船相继超越，心急如焚，指着船头上竖立在风雨中猎猎翻飞的写有"争当第一船"的红旗，高声呼喊："同志们，我们不能辜负全团上下的信任，真英雄真好汉，关键时刻是考验，一定要把红旗插上南岸！"战士们纷纷拿起铁锹、钢盔奋力划水，他们的战船又重新冲到了前面。

131团1连4班的战船被敌人的炮弹炸了个窟窿，江水直往里灌，船身直往下沉，胸部负伤的副班长赵强将缆绳系在腰间，跳入水中，奋力地牵引着战船向南岸驶去……

眼看着我军众多的战船即将抵岸，敌人惊恐了，用火焰喷射器和密集的炮火封锁滩头，妄图阻止我军登岸。只见一条条火龙在飞腾、在肆虐，一股股浓烟在升腾、在弥漫。

我突击部队以压倒一切敌人的英雄气概，赴汤蹈火，抢滩登陆，呼啸着冲向敌人阵地。众多的船只如同百米冲刺一般，瞬间靠岸，说实话也难以分清谁是真正的"渡江第一船"。

一阵急风骤雨的对射之后，对岸灯塔两边亮起几处篝火，这是登陆成功的信号。"请报告军长，第一梯队已经全部上岸！"电话中传来44师兴奋、急促的报告。一个伟大的胜利来得如此突然，令秦基伟这位战役指挥员来不及陶醉，但可以喘口气，松弛一下高度紧张的神经了。

此时已经是23时50分了，接近子时，大家一放松，肚皮便不由自主地叫唤起来，提醒大家还未吃晚饭呢。秦基伟军长也突然感到确实饿了，便高喊了一声："开饭呦！"一直焦急地等在外面，把饭菜热了数次的炊事班老班长，欢快地高声应道："来了！"

在"打过长江去，解放全中国"，"打进南京城，活捉蒋介石"等战略口号的号召下，参加渡江战役的百万雄师，在渡江

战役作战序列中的第一梯队的各军，都开展了"争当渡江第一船"的竞赛活动。第一梯队各军的第一梯队师的团、营，谁都想争当"渡江第一船"，他们发扬革命英雄主义，以敢闯刀山下火海的英雄气概，使尽一切招数，使自己的船加快航速，抢先登陆，争当"渡江第一船"。就这样，在整个渡江战役中，在第一梯队的各军中，都涌现出各自的"渡江第一船"。著名的有第27军79师235团（即"济南第一团"）的1营3连5班，他们最先在安徽省长江南岸的夏家涛登陆成功，被誉为"渡江第一船"。与第27军并肩突击的第24军，其70师的210团3营9连3班和209团2营5连8班于4月20日21时35分前后，首先登陆成功。战后分别获"渡江第一船"和"渡江突击模范班"的光荣称号。210团在209团的配合下，于21日上午8时，攻占了安徽省的铜陵县城，这是该军和友军打过长江去，解放的江南的第一座县城。

"国军"炮火打国军

1949年4月20日，人民解放军渡江之际，国民党江阴要塞在中共地下党的策反下，宣布起义，并掉转炮口轰击国民党军第21军145师的阵地，使八圩港地域顿时乱作一团，守军被打得鬼哭狼嚎。与此同时，还对溃逃之敌进行了猛烈的打击，为渡江战役的胜利作出了贡献。

自从中共地下党的人员打进江阴要塞后，经过一段时间的工作，在江阴要塞又安插进了一些解放军干部，控制了许多重要岗位。李干成为了唐秉琳的"卫士"，徐以逊、陆德荣为游动炮团的"副官"，王刚在特务连卫士排当"兵"……

为了蒙蔽敌人，在安排李干和王刚与唐秉琳见面时，唐秉琳故意当着大家的面演了一出戏。

李干装扮成过去唐秉琳在长沙当营长时的勤务兵，在见到唐秉琳时哭诉道：

"营长，台儿庄战役后，部队从徐州撤退时，我被冲散了，在一时找不到部队的情况下，就顺便先回苏北老家去看看。谁知一回家，父母就包办了一门婚姻，只得结了婚。婚后老婆拖后腿，不让走。只得边做生意边做家里人的工作。谁知做生意

却亏了本，无法再混下去了。这时也听说营长在江阴，便给家里说出来跑生意，这才出来见了营长。营长，让我继续跟着你吧。"

"以后再敢当逃兵，我毙了你！"

"是，是。营长，以后再也不会了。"

说完，唐秉琳把头转向王刚说："你是怎么回事？"

王刚装扮成一个地主的儿子，是好不容易从解放区逃出来的，想找长官避难。由于假装没有当过兵，不会敬礼，只顾一个劲地鞠躬作揖，鞠得头也不敢抬：

"长官，共产党把我家的土地、财产全没收了。我无家可归了，请长官收留我吧……"

"行了，我知道了。别再啰唆了。特务连长！"

"到！"

"你们连队还有什么空缺？"

"报告总台长，卫士排还有两个下士的空缺。一个卫士，一个驾驶兵。"

"张国政（李干的化名）到卫士排，仍当我的卫士。"

"是。谢谢营长。"

"王贵生（王刚的化名）去当驾驶兵。"

"谢谢长官，谢谢长官。"

"你们都到特务连报到去吧。"

"跟我走吧！"特务连长说。

李干进入要塞后，很快发现要塞中有很多人是从江北逃亡来的还乡团成员和地主子弟。由于李干在苏北一带活动过9年时间，看到其中一些人十分面熟。应付这种情况，唯一的办法就是尽量少出头露面，藏得越深越好。不过，险情还是不断发生。

有一次，李干见到炮台陈副总台长的一名卫士，此人1947年在国民党第21军某部当营部书记时，在苏北的李堡战斗中被人民解放军俘虏。当时李干任团参谋长，曾亲自审问过他。李干一见是他，赶紧思索对策，准备应对。意外的是，他竟没有认出李干来。但此后，李干尽量注意不与他碰面，以免勾起其回忆。

不出头露面，并不等于就不会暴露。有一段时间，地下工作者与江北的联系中断。李干便天天躲着看报纸，了解情况。这引起了与李干同住一个房间的总台文书的怀疑。李干察觉后，马上用拉老乡、交朋友的办法稳住了他。在宣布起义后，他直言不讳地说：我早就看出你不是一般的兵，不是国民党军统派来的，就是共产党派来的。

经过一段时间的工作，我军利用国民党军基层军官和士兵普遍存在的失败主义情绪，加以巧妙宣传，动摇其军心。另外，在要塞中发展了一批同情革命的人员，争取了一批态度暧昧的军官，取得了许多士兵骨干的支持。还从上海招收了10多名产业工人，组建了一个特务排，作为比较可靠的一个机动小分队。一切准备就绪，就等人民解放军渡江了。

20日下午，江北传来隆隆的炮声，人民解放军开始渡江了。在江阴炮台的地下工作者异常兴奋。王澂明给大家打来电话，代表第三野战军下达命令，要大家互相转告，准备迎接解放军渡江，控制炮台不向解放军开炮。正在此时，国民党军第21军向炮台打来电话，问炮台为何不开炮？地下工作者吴铭告诉唐秉琳："你告诉他们，现在情况不明，炮向哪里打？并问问他们掌握了什么情况？"在唐秉琳的询问下，第21军也说情况不明。

正在此时，江阴要塞司令戴戎光来到炮台总指挥所，他宣

布："根据绥靖区情报，今夜共军可能有行动，你们要做好准备。"待戴说完后，唐秉煜赶紧陪他到台长办公室休息，并告诉他："司令安心休息一下，有什么情况我会及时向你报告的。"

过了一会儿，第21军又来电话说："目标不明确，打几炮助助威也好。"吴铭赶紧与唐秉琳商量，既然要打炮助威，炮再不响不好。于是他们把目标首选为八圩港，那里是第21军的桥头堡。但是，由于解放军渡江情况还不清楚，如果只打八圩港太过明显。于是附加上港北面的小孤山，这里是解放军后方，没有部队。

轰隆隆的几声炮响后，电话骤然响起，传来了第21军急促的声音："为什么打到我们第21军头上？"

唐秉琳回答说："我们早就说情况不明，不能开炮，你们一定要打炮助威。"

"行了，不要打了，不要打了。我们给你们指示目标。根据目标重新修正后再打。"

"说吧！"

对方在电话里报了几个目标位置。

唐秉琳将其报的目标各减了400米的距离后，立即命令全炮台的火炮齐射。由于在射击参数上做了手脚，炮弹全部落到了第21军145师的阵地上，气得该师参谋长在电话里大骂。

第21军立即向国民党京沪杭警备总司令部报告，说江阴要塞有问题，专门用炮打自己人。

随后，顾祝同亲自来电话，要戴戎光接电话。戴接完电话后，神色十分不安。唐秉琳明知是顾祝同打来的电话，便关切地询问戴："总长有什么指示？"

戴叹口气："丁治磐真狠毒，在总长那里告了状，说我不听

他指挥，总长在电话里说：再不听指挥，就要枪毙。丁是想要我的脑袋。"过了一会儿，戴又对唐秉琳说："总长命令：立功重赏，歼敌一个班、一个连、一个营、一个团分别赏……官可以连升三级。你迅速将总长的命令向下传达。"

晚上 21 时许，地下工作者们切断了电话线，断绝了戴戎光与上下的联系，而无线电通讯设备则被地下工作者控制。

在床上躺着却翻来覆去睡不着的戴戎光，忽然一翻身走出指挥所，向江面瞭望。突然，他大叫起来："船！船！共军渡江了，开炮！向共军开炮！"机智地紧随其后的唐秉煜回答："司令，现在还看不清楚是船还是水波的影子。摸不准，空放炮，只是浪费炮弹。"而实际在此时，炮台的炮火正在轰击溃逃的国民党军。

随着解放军先头部队过江，事先接受命令的解放军部队正在抓紧赶往江阴炮台，准备接防，彻底控制炮台。于是，有人向唐秉琳报告道："山下发现共军，赶紧组织抵抗。"唐秉琳厉声回应："不许随便开枪，是自己人，不要误会。"

负责与解放军接防部队接头的是陆德荣同志。他在长山张家港附近发现前方有部队活动，便按照事先约好的办法，用手电筒划了 3 个圈，对方也按陆的办法进行回应。等走近一看，原来是国民党军第 21 军的一支部队，他们立即把陆德荣扣押下来。正在此时，周围响起一片"缴枪不杀"的喊声，原来是解放军的先头部队赶到了。刚刚扣押陆德荣的国民党兵，反过来被陆德荣扣押了。解放军先头部队顺势上了江阴炮台，控制了外围。

此时，已经是 21 日凌晨 3 点多钟。地下工作者们经过简短的部署，立即开始了行动。唐秉煜指挥两挺机枪对着指挥所的进出口，自己则提着手枪，带领 4 个端着冲锋枪的士兵控制了掩

蔽部的通道，严密监视戴戎光警卫班的一举一动。

看到整个局势已经被地下工作者控制，吴铭在唐秉煜的陪同下，到了戴戎光的面前。唐秉惕说道："这是解放军驻要塞的代表吴铭。"吴铭便对戴戎光说："我们对你的安全负责，现在要送你到安全的地方去。"

戴戎光开始感到很突然，以颤抖的声音说："我跟贵军从没有交过战，我对贵军向来是友好的。"

"你的情况，我们了如指掌，不必多说了。"

"听说江阴城还没有解决。"

"我军早已直插京沪线，江阴城不在话下，城内国民党军如不投降，将被全部消灭。"

"既然事已如此，我就缴械吧！"

戴戎光当即将所佩带的左轮手枪和子弹袋交出，几个卫士也都放下了枪。

随即，地下工作者以戴戎光的名义下达命令，所有炮台的大炮齐开火，炮弹像雨点般落到国民党军的头上。至此，被国民党标榜为共军插翅难飞，并深为美军顾问团头目满意的江阴要塞，被人民解放军完全控制了。

人民海军诞生日

ZHONGWAIZHANZHENGCHUANQICONGSHU

1949 年 4 月 23 日，伟大的渡江战役发起第 3 天，强渡长江天堑的人民解放军占领了南京。就在这一天，中国人民解放军第一支海军部队——华东军区海军，在江苏省泰县临近长江的白马庙乡宣告成立，当时的华中军区副司令员张爱萍任华东军区海军司令员兼政治委员。

40 年后的 1989 年 2 月 17 日，中央军委正式批准将 1949 年 4 月 23 日华东军区海军成立的日期，定为中国人民解放军海军的诞生日。

1949 年初，我军胜利地结束了三大战役。为了彻底摧毁蒋家王朝，直捣国民党统治的中心，中共中央和中央军委决定实施渡江作战。

面对国民党军的"长江立体防线"，我人民解放军必须以单一的军种陆军去攻克。渡江战役与我军已经历过的三大战役完全不同。从本质上来看，它是一场以江河为基本战场，以渡船为运载工具，以破岸歼敌为目的的登陆作战。就其规模而言，几乎可以与 1944 年 6 月美英同盟军在欧洲发起的诺曼底登陆作战相媲美。但是诺曼底登陆中美英参战的海军舰艇多达 5000 多

艘，而我军在渡江战役中的参战兵力达 100 万，舰艇却为"0"！虽然当时我军作战兵力发展到 380 万人，但那仅仅是陆军，海军还是个空白。

没有海军，如此大规模的登陆行动，就难以有效地隐蔽攻击作战企图，就难以以机动性很强的水上火力夺取水面的控制权，就难以对我航渡船只实施可靠的掩护，就难以对敌人的滩头阵地进行有效的火力打击，就难以及时抗击敌舰船从水上对我进行的攻击。因此，"建立一支人民的海军"的念头，长期以来萦绕在中央领导的脑海中。

1944 年抗日战争时期，中央军委就建立过由叶剑英主持的海防研究小组。

1949 年 1 月 8 日，当渡江战役还在计划准备之中时，中共中央政治局通过了《目前形势和党在一九四九年的任务》的决议。决议明确要建立"一支保卫沿海沿江的海军"，并特别指明："这种可能性是存在的。"所谓"可能性"，就是指即将处于我军强大军事压力下的国民党海军起义和投诚，加入人民海军的可能性。后来的事实证明，渡江战役促使了国民党海军的大规模起义和投诚，直接推动了人民海军的创建。

同年 3 月，毛泽东、朱德在给原国民党海军"重庆"号军舰起义官兵复电中强调指出，除了陆军，中国人民还必须建立自己的空军和海军。

中国人民需要建立海军，这种迫切性并非仅仅源于渡江战役。1840 年以来，帝国主义来自海上的 470 多次入侵，中华民族有切肤之痛。辽沈和平津战役中，都有部分敌军得以从海上逃脱，未能实现全歼。历史的教训，促使中共中央产生建立海军的设想；渡江作战的严峻现实，又迫使我军必须加快创建海

军的步伐。中共中央、中央军委还考虑到，渡江战役后，人民解放军将面临解放海南岛、台湾等沿海诸岛的渡海作战，那时更离不开海军的协同和配合；新中国正躁动于母腹中，新的中华人民共和国需要海军保卫自己的海疆，反击帝国主义可能的侵略。所有这一切，都使得创建海军刻不容缓。

渡江战役发起前，国民党海军编有4个舰队。担负长江守备的海军兵力，占国民党海军作战兵力的三分之二。

1949年2月，渡江战役尚在准备中，国民党海军命令其最大的军舰"重庆"号巡洋舰从吴淞口开赴长江，企图拦阻人民解放军渡江。2月25日凌晨，"重庆"号上进步官兵与舰长邓兆祥一起首举义旗，毅然驱舰驶往烟台解放区。"重庆"号的起义是渡江战役中国民党海军大规模起义的前奏，3月24日，毛泽东、朱德在给"重庆"号起义官兵的复电中，称他们是"中国人民海军建设的先锋"，英明地预计会有"更多的军舰将要随你们而来"。

随着渡江战役的临近，中央军委一方面加强了对国民党海军的策反瓦解工作，一方面施加军事压力，专门指示第三野战军特种兵纵队在战役中"以炮火封锁江面，不让敌舰东逃，迫使敌海军起义或投降，以建设人民海军"。迫使国民党海军起义投诚，以创建我人民海军，是渡江战役我军所要达到的战略目标之一；而我炮兵对长江江面的严密封锁，则是实现这一战略目标的主要军事手段。国民党第二舰队东逃上海必被歼灭的严峻现实，是他们决定投奔光明的根本原因。

第二舰队司令林遵，在看到国民党腐败无能和国共双方力量对比发生巨大变化后，在内心深处藏有弃暗投明的思想。为此，他通过舰队轮机长阚晓钟等一些渠道寻找共产党。

　　林遵为人十分谨慎，他答应在解放军渡江时起义，但要求必须先跟解放军的高级机关联系好。当"重庆"号起义后，林遵更加小心谨慎。

　　代表林遵与共产党联系的阙晓钟对吴平等地下党员说："'重庆'号起义，震动了国内外，是当前海军界的一条头号新闻，部队背地里都在议论。据我所知，有两种反响：一是广大爱国官兵很受鼓舞。我平素要好的舰长都在说国民党打内战不得人心，'重庆'号起义是蒋介石利用外国武器屠杀自己同胞罪恶的报应。"

　　阙晓钟镇定了一下情绪后继续说道："另一个是国民党当局惊慌失措。'重庆'号是英国赠给国民党的，还有一艘'灵甫'号驱逐舰，是英国租给国民党的。'重庆'号起义后，英国人就向国民党政府要回'灵甫'号。蒋介石和国民党海军总司令桂永清等生怕'灵甫'号再跑了，已经派人盯住。"

　　"我们第二舰队也派来了一个警卫排和一个指导员。"阙晓钟喝了一口茶后接着说，"林司令是一个头脑冷静的人，对情况很清楚，他曾对我说，第二舰队的起义决心是铁定了的，但行动要谨慎。蒋介石、桂永清可能狗急跳墙，周宪章出于个人私心，也会火上加油。"

　　阙晓钟最后说："我们要特别小心，一切都要相机行事，既不能失之机宜，也不可冒失。"

　　几天以后，阙晓钟在上海的家中告诉我地下工作者："你们'三野'派来了两位'高级参谋'，通过江苏学院的林教授来与我商量第二舰队起义的事。你们是否把前几天商谈的情况尽快送回解放区向上级报告，本舰队准备在解放军渡江时起义是定了的。我等你们从解放区回来，我就回镇江向林司令报告。"

他一面说，一面掏出一张纸说："这是第二舰队各兵舰的布防和江阴要塞的情况，大军渡江要先控制江阴，卡住长江的咽喉，防止兵舰逃跑。"

吴平等地下党员看了阙晓钟提供的材料。为了安全起见，当晚他们把情报背熟，一些难记的地名、舰名，注在一本英语课本上。第二天，他们离开上海前往南京。

他们到解放区要经过两个检查口，一个是南京到浦口，第二个是浦口出浦镇。国民党于3月中旬起开始封江，到了3月底戒备更严了。南京下关到浦口的轮渡被撤除，只留一个小渡口，用小船渡送客商，几天才开放一次，一有风吹草动就关闭。

吴平夫妻俩在南京找到负责路上安全的联络员，打听了情况，决定三人同行，装作互不相识，暗中照应。4月3日下午，得知4日放江，次日一大早，他们就到渡口排队，挨个上船。船到江北，联络员上了岸，吴平上了岸，吴平的妻子曹一飞却被一个女警察扣住，盘问来盘问去，不准她上岸。女警察还搜了曹一飞的身，只看到那本英语课本，问了老半天，找不出什么破绽，后面还有好些人等着要上岸，只好放行。

南京到浦口的这一关过了，由浦口到浦镇的这一关本来是相应放行的，那天不知发生了什么情况，突然封锁了。他们只好在浦口住了一夜。旅馆查得很严，像吴平这样西装革履的打扮，却混在一群粗衣布鞋、肩挑手推的农民之中，太不相称。机智的联络员非常有经验，疏通了账房先生，把他们安排到旅馆的账房中住宿，冒充是旅馆老板的亲戚，才躲过军警的盘查。

在第二天的通关中，他们吸取了过浦口的教训，吴平和曹一飞恢复了夫妻关系，一路同行。出关的人排成一条长蛇阵，挨个检查。吴平拉着曹一飞直接走到关口处的一个国民党军官

的面前，出示了身份证明，要求不排队先过去。

那位军官看了看吴平夫妻的装束，把手一挥，他们安然地出去了。可联络员还在老远的后边排队，他们不敢等，只好先走，但又不识路，只得顺着铁路向北走。

他们与联络员走散了，好在江北大都是解放区，所以吴平他们找到了第35军军部，联络员回到了滁县军分区。两方一沟通，得知双方都平安。

吴平他们在第35军军部待了两三天，一天早饭后，第35军联络部长张普生对吴平他们说："接第三野战军总部回电，要我们立即送你们到总部报到。本来军首长准备今天中午请你们吃饭，但电文要求紧急，马上就要走，很抱歉。"

正说着，一辆小吉普车停到了门口，张普生意味深长地说："目前我们还很艰苦，全军只有这么一辆小吉普，是供军首长紧急时使用的。"

国民党海军第二舰队的编制，原来只有"惠安""吉安""安东""永绥""江犀""营口"6艘军舰。但蒋介石为了建立一道所谓"固若金汤"的长江防线，由汤恩伯在常州召开了军事会议，之后，海军总司令桂永清和海军总参谋长周宪章都派遣亲信舰长参加长江防务，名为受林遵指挥，实则控制第二舰队的行动。这样一来，第二舰队增加了10多艘军舰。但部署防务、任命舰长，往往不通过林遵。

随着斗争的发展，第三野战军给第二舰队派来了"高级参谋"孙克骥、杨进同志。他们向阙晓钟传达了第三野战军陈毅司令员的意见，阙当天就赶回镇江向林遵汇报。林遵根据舰队的情况研究了陈毅的指示，认为：一是协助解放军武装渡江，按第二舰队防区各兵舰的情况，困难较大，须相机行事；二是反抗桂永清将舰队撤退到台湾的命令，估计可以做到，并尽量争取更多的舰艇参加起义。

在孙克骥等人的指导下，林遵和阙晓钟积极开展了起义准备工作：一是联络各兵舰，林遵亲自做"惠安""江犀"等舰长的工作；阙晓钟负责联络"吉安""安东""永绥"各舰长的工作，有条件时可以做轮机、枪炮、引水等关键军官的工作。二是将军舰由各渡口撤防，集中到芜湖、南京、镇江三处，方便解放军渡江。三是派阙晓钟到镇江，一方面与第三野战军代表保持联系，另一方面策反"营口"舰长邱仲明，监视舰队参谋长麦士尧。林遵与邱仲明是马尾海军学校的同学，交情颇好，但邱仲明是海军总参谋长周宪章的义子，关系特殊，对起义态度不明朗。

阙晓钟在镇江时，经常到孙克骥、杨进二人的联络点汇报情况，还建议解放军在渡江时要破坏江阴要塞灯塔，在江北设置流动炮台来防止反对起义的军舰逃跑。

为了掌握林遵的真实想法，孙克骥他们多次提出希望与林遵见面，但都因耳目众多，未能实现。后来，林遵终于与林亨元教授在镇江金山寺会了一次面。这次会面，对林遵的鼓舞很大。

阙晓钟与邱仲明进行了多次接触。邱口头上表示"服从司令指挥"，但在镇江解放的前一天晚上，却开着军舰逃跑了。镇江舰队司令部还有一个指导员和一个警卫排，见形势不对，也在镇江解放前一天，乘末班火车仓皇逃往上海。镇江解放时，舰队司令部只剩下麦士尧参谋长和阙晓钟二人了，阙晓钟控制住了麦士尧。后来，麦士尧在南京政治训练队学习时，逃跑了。

1949 年 4 月 23 日，也就是在我人民海军诞生的同一天，第

二舰队 1200 多名官兵、25 艘舰艇在南京笆斗山江面起义加入我海军。

同一天，还有 23 艘敌舰艇在镇江江面向我军投降。到 5 月中旬我军渡江解放武汉时，敌江防舰队的部分舰艇又向我军投诚或为我军俘获。

渡江战役中起义、投诚的国民党海军舰艇和人员，是我海军初期建设的宝贵财富。正如刘伯承在欢迎第二舰队起义的报告会上宣布的中央军委的命令中指出的，我军正是以原国民党海军第二舰队为基础，成立了华东军区海军。

有了舰艇，我军创建海军的愿望变为现实，对此国民党极为害怕。他们派出飞机，对这些舰艇进行狂轰滥炸。因此，保护好这批起义、投诚的舰艇，就成为能否顺利创建我海军的关键。

为此，我军对第二舰队起义的事秘而不宣，并将舰艇疏散隐蔽。各舰根据指示拆下轻武器和仪表，人员撤到旧海军总部。由于国民党飞机的轰炸，有 6 艘军舰被国民党的飞机炸沉，但大部分得到了保护。国民党飞机的轰炸从反面说明了渡江战役中的这些起义、投诚的舰艇对我海军创建的重要意义。

第二舰队司令林遵在中国人民解放军海军成立后，任第一副司令。1959 年任南京军事学院副院长。1975 年 5 月任东海舰队副司令。1979 年 7 月 16 日林遵病逝于上海。其他起义、投诚的人员，在经过必要的集训后，很快配备上舰。原来的舰艇长、副舰艇长都被任命为我军海军舰艇长，舰上各技术部位的部门长也都由起义的人员担任。在当时的作战舰艇部队中，原国民党海军人员占三分之一左右。渡江战役是我人民海军诞生的摇篮，它为我海军的创建、成长和发展奠定了多方面的基础。

红旗插上"总统府"

1949 年 4 月 23 日午夜时分，人民解放军第三野战军第 35 军的勇士们，高举红旗，直插伪总统府，把鲜红的红旗插在了伪总统府的门楼上。由此，宣告了国民党 22 年的反动统治的彻底覆灭。

就在人民解放军大举渡江之际，为了及时解放南京，保护这一历史古都，中央军委下达了夺取南京的命令。第三野战军立即向第 8 兵团发电："如南京之敌逃窜，则三十五军应即渡江进占南京，维持秩序，保护敌人遗弃之一切公私财产。该军应特别注意遵守政策，严肃城市纪律。"

任务下达后，第 35 军的广大官兵群情激昂，感到无比自豪，决心要在最后推翻蒋家王朝的战斗中立功。第 35 军立即进行了作战部署，要求全军根据野战军首长的指示，立即转向南京攻击，首先肃清江北敌桥头堡，尔后直取南京。

当时控制南京长江北岸三浦（江浦、浦镇、浦口）一线的，是国民党李延年兵团的主力第 28 军。他们以江浦、浦镇、浦口互为犄角，利用地形构筑了坚固的防线，企图防止人民解放军逼近江岸。

4月20日下午4时开始，第35军在第34军和其他兄弟部队及人民群众的支援下，涉过滁河，跨过老山，以急行军的速度向浦镇、十里桥、江浦县城等作战地区接近。到21日零时时分，人民解放军强大的炮火先后向江浦、浦镇发起猛烈的轰击。在炮兵的火力支援下，步兵部队向敌人江北桥头堡发起了攻击。

经过数小时的激战，第35军103师全歼江浦守敌，占领江浦县城；104师扫清了浦口的前沿阵地，给守敌以沉重的打击；105师越过乌衣东南大片水网地带，沿东葛至浦镇的公路两侧直插浦镇。

与此同时，人民解放军中路大军强渡长江成功。波涛翻滚的长江，自古以来，大军难渡。1000多年前的魏丞相曹操，率领号称83万的人马，被阻于长江北岸，结果落得个船焚兵折，落荒而逃；100多年前的太平天国翼王石达开，带领反清将士转战数省，最终困守在长江上游大渡河畔，全军覆没。历史在长江上演出过众多惊心动魄的活剧，留下了一代代英豪壮士们深深的遗恨和惋惜。今天，人民解放军在中国共产党的领导下，百万雄师过大江，改变了长江天堑的历史。

主力部队渡江成功的胜利捷报，使第35军的指战员们备受鼓舞和激励，他们越战越勇，先后抢占了浦镇以西的大顶山、二顶山，接着与敌人展开了逐个山头、逐个碉堡的争夺。

在人民解放军的强大攻势下，两浦守敌大部被歼灭，残敌仓皇过江，没命似的奔回南京。到22日清晨，浦镇、浦口全部解放。

站在长江北岸，隔江遥望南京城，一片混乱不堪的景象呈现在眼前：浦口对岸的下关一带，敌人残匪大肆烧杀抢掠，下关车站和国民政府司法行政部等地硝烟弥漫，火光冲天。

　　为了早日解放南京城，保护古城，拯救广大南京人民于水深火热之中，吴化文、何克希等第 35 军的首长决心早日过江。但是，由于江北的船只被敌人掠夺到南岸，没有渡河工具，临时造船不现实，于是，军首长号召全军官兵在河湖沟汊中寻找老百姓可能掩藏的船只。在地方党政机关、支前机构和各部队的齐心协力与积极动员下，至渡江前夕，各兵团的第一梯队军筹集到了五六百只木船，并动员了大批船工、渔民随军支前，参战，这才使渡江作战有了保障。

　　22 日下午，104 师急需一条船将侦察先遣分队送到长江南岸，执行特殊任务。他们在三河乡桥北村的江滩芦苇丛中，找到一条载重 120～130 担的木船，还找到船主童达光。师参谋长张绍安邀请其帮助解放军渡江。老船工一听便笑了，他一不收银元，二不讲条件，欣然答应："我早就盼着这一天了，帮助自己的队伍过江去消灭反动派，没有二话。"还找了一位贫苦的船工当助手。

　　黄昏时分，侦察连指导员杨绍津率领 6 名战士上了船。他们一起合作，撑篙摇橹，逆水而上。当船行至南岸石油公司码头附近时，被国民党的一个警察发现，战士们立即开枪射击，将其击毙，顺利地登岸。童达光不顾个人安危，往返大江南北共 6 趟，安全地渡送了一个连队过江，使第 35 军的侦察干部和先遣分队及时地与中共南京地下党组织取得了联系。童达光的英雄行为受到第 35 军首长的高度赞扬。南京解放后，第三野战军政治部和华东支前委员会为童达光等一批船工颁发了"功劳船"证书。

　　得到解放军正在等待过江的消息，在中共南京地下党组织的统一指挥下，下关电厂的工人机智地保护下来的"京电"号

火轮，机务段轮渡所的工人在反搬迁斗争中保存下来的火车轮渡和"凌平"号、"港平"号拖轮，相继升火启动，纷纷驶向北岸，迎接解放军过江。

等北岸栈桥修复后，"浦口"号也及时投入渡运。

24日拂晓，下关水上警运会的共产党员林大宗与警察头目斗智斗勇，顺利地组织起100多人的"水上挺进队"，将8艘巡逻艇从南京护城河中开出，浩浩荡荡地开往浦口迎接解放军。

南京的地下党员和工人群众，四处奔走收集船只，上江、下江、内河的木船，民生、福记两个轮船公司和招商局、铁路轮渡所等处的大小船，也纷纷起航，投入迎接解放军渡江的行列。

广大党员和工人群众在敌机轮番轰炸、扫射的情况下，无所畏惧，勇敢地驾驶各种船只奔波往返，终于使第35军顺利渡过长江。

第35军的103师312团的官兵们，高举红旗，冲在了最前面，他们跨越国府路，直接冲向伪总统府，迅速占领了伪总统府的门楼。

在一片胜利的欢呼声中，他们将国民党的青天白日旗一把扯了下来。肮脏不堪的青天白日旗从门楼上跌落下来，淹没在欢腾的人潮的脚底下，鲜红的红旗被牢牢地插在门楼的旗杆上，迎风飘扬，宣告南京解放。

霎时间，南京古城一片欢腾，一支支由南京地下党员率领的欢迎队伍涌向伪总统府附近，大家争先一睹在南京城上空飘扬的第一面红旗。

与此同时，第35军104师直扑紫金山、中山陵，从东侧控制了南京城；103师一部直插清凉山、五台山等制高点，从西侧

控制了下关江面；105 师则直插南京市中心地带，占领了新街口、中山门一线。

实际上，这支英雄的部队，是由刚刚在 8 个月前的济南战役中，原国民党军队的吴化文军长率领起义的部队与人民解放军鲁中南纵队合编而成的。在中国共产党的领导下，改编后获得新生的原国民党部队在这里参与了推翻国民党的反动统治，并亲手把过去顶礼膜拜的国民党党旗扯了下来，扔进了历史的垃圾堆。

当金色的太阳从东方冉冉升起，把金色的光辉撒到紫金山顶峰之际，南京城换了人间，标志着中国历史进入了一个新的时代。

24 日零时时分，南京解放的消息传到了解放军第 8 兵团指挥部，兵团总部一片欢腾。兵团司令员陈士榘怀着胜利的喜悦，和副政治委员兼政治部主任江渭清一起，率领兵团指挥部一行人员渡过长江，在镇江乘上了开往南京的列车。他们在南京站下车后，又换乘了汽车直接开往伪总统府。在伪总统府门前，他们见到了第 35 军军长吴化文和政治委员何克希。面对他们抑制不住内心激动的庄重的军礼，陈士榘司令员一个箭步赶上前去，紧紧地握住他们的手，表示衷心的祝贺。在那一瞬间，无须用更多的语言表达他们的激动之情，胜利的喜悦在每一个人的脸上荡漾。

在陈士榘司令员的率领下，他们大步流星地跨入了伪总统府。"总统办公室"内的陈设并无惊人之处，令大家瞩目的是办公桌的台历，定格在"4 月 22 日"，标示着国民党最高军政机关逃离南京的日子。

27 日、29 日，陈毅、邓小平和刘伯承等领导同志分别率领

总前委及第二野战军机关，进驻南京城。他们也到伪总统府里面走了一圈。陈毅诙谐地对着空旷的伪总统府大声喊道："'蒋委员长'，我们来了！"只听得陈毅浑厚的声音所产生的回音在不断地延续："我们来了，我们来了，来了，来了……"

插翅南追歼逃敌

1949 年 4 月 23 日，虎踞龙盘的古城南京回到了人民的手里，残敌向杭州方向逃窜。中央军委要求中国人民解放军各部队乘胜向南追击，歼灭逃敌。渡江战役总前委于 4 月 22、23 日指令第三野战军，以第 8 兵团率第 34、35 军担任镇江、南京地区的警备任务，以第 10 兵团第 29 军东进占领苏州，向上海方向警戒，第三野战军主力在粟裕的统一指挥下，以东、西两路大军追歼逃敌。东路第 10 兵团由丹阳、金坛、溧阳向长兴、吴兴方向疾进；西路第 9 兵团由南陵、宣城、广德一线向吴兴地区疾进。东西两路大军发扬了"跑得，打得，饿得"的传统作风，以快追、快堵、快藏、快歼的打法，向吴兴方向疾进！

人民解放军第 25 军奉第 9 兵团司令员宋时轮、政治委员郭化若的命令：经湾沚抢占里头桥，直插宜兴，切断南京、镇江南窜之敌退路，阻止敌人。第 25 军军长成钧、政治委员黄火星、副军长詹化雨、副政治委员兼政治部主任邓少东、参谋长熊应堂等军首长经过研究决定：以 74 师经小淮窑绕道湾沚镇以南，攻占湾沚，抢占里头桥；以 75 师攻占白马山、石炮镇，然后由竹丝港经湾沚镇以北，进占东门渡地区；以 73 师随 75 师后跟

进；原调归第 25 军指挥的 88 师在归建第 30 军的同时，向芜湖方向进击。

湾沚镇位于芜湖通往宣城的铁路线上，距离三山有 100 多里，中途需要跨越青弋江。青弋江是长江的支流，发源于旌德，由南向北，汇入长江。

23 日下午 3 时，全军部队冒着春雨奉命出发。74 师由詹化雨副军长和副政治委员兼政治部主任邓少东率领，向青弋江的芳山镇渡前进；75 师在师长谢锐、政治委员何志远的率领下，沿着三山街到湾沚的大路疾进；第 25 军指挥所带领 73 师，在 75 师后出发。

午夜时分，74 师 222 团前卫营越过芳山镇后，在湾沚镇地区突然与敌人遭遇，他们迅速抢占了桂花树山、皂角树山、芳山镇等要地，抢修防御工事。逃敌一看退路被抢占，恼羞成怒，黑压压一片密集的敌人被临时组织起来，犹如一窝疯狂的野蜂向 222 团的临时阵地扑来。

在詹化雨、邓少东两位首长的直接指挥下，74 师师长张怀忠率领部队顶着瓢泼大雨，不顾追击的疲劳和饥饿，勇猛顽强地击退了国民党第 20 军的数次猖狂反扑，给敌人以沉重的打击，死死地扼守住了阵地，彻底关闭了敌第 20 军从湾沚镇地区南逃之路。

24 日凌晨时分，我军 75 师 244 团在湾沚镇东南渡过青弋江，直扑五里墩，并与敌人接上了火。

据抓获的俘虏交待，被 74 师、75 师拦截住的是国民党第 20 军全部、第 99 军一部和一个保安旅。为此，成钧等军首长迅速下定决心，坚决将该敌聚歼于湾沚地区，完成上级赋予的光荣任务。同时命令张怀忠师长指挥 74 师在正面坚决阻击敌军，谢锐指挥 75 师以最快的速度插至敌侧后，与 74 师一起形成对敌人的合围态势，然后围歼敌人。

英勇的解放军指战员，冒着滂沱大雨像一支支利箭出发了。同志们踏着泥泞的羊肠小道，甚至在没有道路的荆棘丛中跋涉。下午 2 时许，包围圈合拢了，敌人被压缩在五里墩、查山头、老旗千、朱村、双池塘等一带方圆不过五六里的地盘里。

经过短暂的准备，到 3 时过一点，第 25 军军长成钧和政治委员黄火星下达了攻击开始的命令，刹那间，只见人民解放军以排山倒海之势向残敌发起猛烈的攻击，顿时湾沚地区上空硝烟翻滚，枪炮声汇成一片，"缴枪不杀，优待俘虏"的喊声，交织回荡在山谷中。密密麻麻的敌人乱作一团，狼奔豕突，似无头的苍蝇一样四处乱窜。除了一部分向东扯开了人民解放军的包围圈进行逃窜外，大部分敌人被逐步压缩、分割，已成瓮中之鳖。

到了黄昏时分，残敌一看抵抗已经无望，再撑下去也没有生路，只有死路一条，只得纷纷耷拉着脑袋，举手缴械投降。湾沚追歼战圆满结束。

此次战斗，歼灭敌第 20 军军部及所属 133 师、134 师全部，第 99 军和保安第 4 旅各一部，俘敌达 1.3 万多人，还缴获了大量的枪炮、弹药和骡马等物品。敌第 20 军军长杨干才被人民解放军击毙于皂角树山的山脚下，平时耀武扬威的他成了一堆烂泥。

被俘的敌 133 师师长景嘉谟嘟嘟囔囔地说："真没有想到，真没有想到，我们坐着汽车跑，连饭都来不及吃，就被你们围住了，你们硬是用两条腿追上了我们的汽车轮子。想突围出去，连军长都被打死送了命。看来，一旦被你们围住，抵抗是没有

用的。"

人民解放军能用一双脚板，追上敌人的汽车轮子，能用劣势装备打败装备精良的国民党军队，靠的是什么？靠的是人民子弟兵牢记人民军队全心全意为人民服务的宗旨，靠的是人民解放军特有的强有力的思想政治工作，靠的是打倒反动派，解放全中国的坚强决心。

追歼战的首场胜利，极大地激励和振奋着广大指战员，大家沉浸在无比的喜悦之中。成钧等军首长登上山顶，看到夜幕初下的战场上，全军官兵忘记了饥饿疲倦，忘记了风吹雨打，正在有序地集合收拢队伍，打扫战场，押送俘虏，听到整个湾沚地区满山遍野响彻欢乐的喧腾……

成钧军长极目远眺，沉浸在对未来的遐想中。

"报告。"作战参谋的一声报告，把成钧军长的思绪从未来拉回到现实中。

作战参谋向军长敬了一个庄重的军礼，报告道："军长同志，刚接到兵团首长的电报。"说完，将电报呈送给军长。

成钧军长定了定神，翻开了电报夹，仔细阅读宋时轮等兵团首长的指示：南京、镇江之敌均已沿京杭国道向杭州方向逃窜，南京、镇江、丹阳、武进、无锡一线已被解放军占领。各部队应分别迅速猛进，阻击、截击与尾追歼灭敌人。第25军与第27军沿宣城、广德至吴兴、杭州公路南北迅速东进，务求于明后日赶到太平桥、梅溪镇之线以东，以配合小吕山镇的第28军打通联系。如第28军尚未到达，则第25军和第27军继续前进抢占吴兴，以完全封锁敌向杭州之退路，不使其逃窜。

命令一经下达，全军上下斗志高昂，只有一个念头，坚决追上敌人，不使敌人逃窜。全军部队打点好行装，又开始奔袭前进了。

到 25 日中午时分，第 25 军又突然接到兵团总部的电令，要求立即折回郎溪一线，截住并歼灭向郎溪南逃之国民党军队的嫡系部队——第 66 军。广大指战员一听说是截击敌人的嫡系部队，劲头一下子上来了，人人摩拳擦掌，个个瞪起了双眼，连续行军作战的疲劳、饥饿早已被抛在脑后。部队踏着泥泞的道路，大踏步地快速急进，傍晚时分进抵十字铺、誓节渡一带。

经过短暂休息，26 日天刚蒙蒙亮，第 25 军主力在军首长的亲自指挥下，又继续向郎溪方向追击前进。一路上，敌人狼狈逃窜的迹象随处可见，抛锚的汽车，丢弃的枪炮、弹药、被服等横七竖八地躺在路上。

担任先头部队的 74 师，在抵进郎溪时，追上了一股正在没命逃窜的敌人，经过一阵猛打，歼灭了敌人 1000 多人。74 师除留下少数人员看押俘虏、清点战利品外，主力继续向前追击前进。下午，在到达梅渚时追上了大股的溃敌，一经接火，敌人就仓皇逃窜，四处奔命，根本没有一点嫡系部队的样子。

奉命向东追击的人民解放军第 27 军在聂凤智军长、刘浩天政治委员的率领下，不顾连日来的霪雨霏霏、道路泥泞、敌机轰炸等给追击行动带来的困难，日夜兼程地追击残敌。经过 8 天的追击，连克 8 城，长驱 800 多里，先后歼灭从南京逃出的敌第 99 军及从芜湖、繁昌等地溃逃的敌第 88 军、第 20 军、联勤总部等各一部，终于赶到了敌人前头。

第 27 军抵达誓节渡时，河水陡涨，河水湍急。据当地老乡说，春天从来没有见过发这样的大水。涉水不成，船又难觅。好在当地盛产毛竹，军民一起动手，编扎竹筏，运送部队过河。后续部队刚刚离岸，敌人的几架飞机就俯冲下来，战士们用轻、

重机枪和高射机枪向空中开火，敌机不敢恋战，在西岸胡乱地扔下一批炸弹交差后，赶紧飞走了。

当第 27 军指挥所到达广德以东 20 里的界牌时，进行了短暂的休息。由于连续行军作战，大家疲劳极了，刚一歇下，有的就睡着了。聂凤智军长钻进一座小茅屋，刚摊开地图还未来得及细看，忽听外面近在咫尺的地方枪声大作。

警卫员冲进来报告："首长，村北发现敌人！"

聂凤智军长三步并作两步跨出屋外，只见村北敌人的火力很猛，绝不像一般的散兵游勇。敌人发射的六零迫击炮弹，就落在聂军长前面六七米的土坡下，泥土溅落在聂军长的身上。

"糟糕，敌人窜到军部来了。"聂军长的心头一惊。由于各部队穿插过快，军部附近没有作战部队跟随，仓促之间又无法联系，情况十分紧急。

正所谓"狭路相逢勇者胜"。只见军参谋长李元，拦住刚赶上队伍的一门山炮，指挥其迅速向敌人轰击；作战科长刘岩不管三七二十一，一把抓住架设在军指挥部旁的一挺高射机枪，就对着敌人一顿平射；聂军长赶紧指挥手边仅有的侦察连、通信连从敌人的翼侧包抄过去；军机关的干部和炊事员、饲养员、文印员等纷纷操起枪正面阻击敌人。

经过一阵猛打，消灭了这股窜到第 27 军指挥部的敌人。

战斗结束后，有的机关干部边喘着气边对聂军长说："今天军长亲自当了回基层指挥员，我们当了回战士，看来我们机关及直属队的战斗力还不弱呢！"

聂军长爽朗地笑了起来。

27 日，人民解放军第三野战军第 9 兵团第 27 军与第 10 兵团第 28 军从南北两个方向向东实施大迂回，一起到达了吴兴地

区，乘势封住了敌人的退路，形成了一道坚固的屏障。南逃之敌 10 万之众，被迫集聚在郎广地区，欲作困兽之斗。

牢固的包围圈形成后，各部队展开了勇猛的攻击。敌人是败军之师，又陷入解放军的重重包围之中，沮丧绝望，排不成排、连不成连，溃乱不堪。

第 25 军以 3 个师一字排开，齐头并进，向广德北门口塘地区之敌猛插猛打。敌东奔西突，四处碰壁。战至 29 日上午，歼敌 9000 多人。

在 3 个军的协同攻击下，只见敌人成堆、成片地举手投降。到战斗结束时，只见在丘陵山谷之间，成群结队的俘虏，排成蜿蜒曲折的长蛇，前不见头，后不见尾，蔚为壮观。

至此，经过 2 天激战，郎广围歼战以歼灭逃敌 5 个军 8 万多人，其中生俘敌军长以下官兵 5 万多人的伟大战绩，宣告胜利结束。即日，继续担负追歼任务的部队又顶风冒雨地踏上了遥远的征程。

武汉三镇获解放

在人民解放军第二、第三野战军胜利渡过长江，追歼逃敌，控制浙赣铁路杭州至东乡一线，割断汤恩伯、白崇禧两集团的联系的情况下，国民党军慌忙收缩兵力，妄图进行垂死的挣扎。

盘踞在武汉、宜昌地区的白崇禧集团共有 15 个军 25 万人，企图以一部分兵力迟滞第四野战军渡江，掩护主力向湘赣边、湘中、湘鄂西地区退却，以保存实力，从而在汨罗江以北、长沙以东和大巴山地区组织新的防线，阻止人民解放军南下和西进。

为粉碎白崇禧集团的企图，中央军委、总前委决定：第三野战军一部继续向浙江东南部进军，解放浙江全省；第二野战军一部支援第四野战军第 12 兵团渡江作战，并协同该兵团向南浔线突击，相机进占南昌；第四野战军第 12 兵团，不待野战军主力赶到，便从汉口至田家镇地段渡江，以策应第二野战军第 4 兵团作战，占领武汉三镇，主力则由左翼迂回到鄂南，打开向华南进军的大门，并以一部分兵力向南浔线突击，解放九江、南昌。

第 12 兵团的司令员兼政治委员萧劲光等兵团首长于 5 月 6

日召集第 40、第 43 军及湖北军区首长会议。经过研究，决定遵照中央军委和总前委的指示，以第 43 军在韦源口、龙坪地段强渡长江，迂回武昌，以第 40 军从武昌正面的团风至韦源口地段实施渡江。

第 43 军在军长李作鹏、政治委员张池明的率领下，以 127 师袭歼黄冈至下巴河一线之敌，128 师袭歼兰溪镇之敌，129 师袭歼薪春、田家镇之敌，156 师袭歼团风、堵城等地之敌。并令各部队均于 5 月 14 日凌晨 3 时发起进攻。

5 月 14 日凌晨，各师按照预定部署向长江北岸国民党桂系的第 46 军、第 48 军和第 126 军的江防部队据点发动猛烈攻击。156 师攻占团风，歼灭敌第 126 军 304 师 912 团一个营及一个保安团；127 师攻击黄冈，歼灭敌 304 师 911 团两个营；128 师攻占兰溪，歼灭敌 126 师 305 师 914 团；129 师攻占浠水后，又相继攻占蕲春，歼灭敌人一个保安团。第 43 军在连续夺取团风、黄冈、兰溪、浠水、蕲春等地，控制了西起团风、东至武穴（广济）100 多里的江北沿江地段后，于 15 日清晨从兰溪及其东西地段发起渡江作战。

官兵们冒着敌人的炮火，飞舟南渡，迅速突破敌军江防阵地，顺利登上南岸，随即向敌军防御纵深发展进攻，直插黄石港、石灰窑、大冶地区。

就在第 43 军突破长江防线之际，驻守长江南岸黄石港、铁山地区的国民党军第 126 军 305 师 913 团和 915 团的一个营，在郭坚、马祥雅两个团长的统领下举行战场起义，并派出人员主动与解放军联系。第 43 军在得知此消息后，立即命令起义部队将其控制的船只开往江北，迎接解放军渡江。第 43 军 128 师在起义部队的接应下，于 15 日下午 3 时全部渡过长江；127 师、

129 师、156 师亦分别从黄冈、黄石港、蕲春等地渡过长江。

黄石港的和平解放，使各厂矿和人民生命财产的安全得到了保护，避免了遭受炮火的破坏。

第 43 军渡江时，老天爷下起了倾盆大雨，各部队以不怕困难、不怕牺牲的英勇气概，顺利地渡过长江，并冒雨在泥泞的道路上迅速向敌纵深攻击前进。战至 16 日，占领了阳新、大冶、黄石、鄂城等长江以南的鄂东地区。

17 日，第 43 军占领了江西瑞昌、九江，继续沿南浔路突击前进。

第 40 军在兵团副司令员兼军长韩先楚、军政治委员卓雄的率领下，于 15 日向汉口外围之敌发起攻击，肃清了标子湾、刘家庙地区的国民党军。16 日拂晓，第 40 军 118 师进至武昌、汉阳市郊的滠口附近。此时，发现武汉之敌已弃城南逃，随即向市区急进，于当日 7 时占领整个武汉市区，全歼武汉保警部队及警察局所属武装。同日下午，120 师、153 师在配合第 43 军攻占黄冈、团风一线国民党军江北阵地后，渡过长江。与此同时，江汉军区独立第 1 旅和第 58 军 172 师部队相互配合攻占汉阳。

第 40 军 153 师 17 日进占武昌。至此，武汉三镇宣告解放。

18 日，120 师主力和 153 师一部进抵贺胜桥，并在追击途中歼灭河南保安第 3 旅。

在此期间，国民党河南省主席、华中军政长官公署副长官兼国民党军第 19 兵团司令官张轸，在中共地下党的长期争取下，于 5 月 15 日率第 128 军军部及 3 个师和第 127 军 1 个师共 2.5 万多人，在武昌以南的贺胜桥、金口地区举行起义，并在贺胜桥附近击退白崇禧部的截击，光荣地编入了中国人民解放军的序列：人民解放军第 51 军。

第二野战军一部，即第4兵团在配合第四野战军第12兵团渡江的情况下，于5月中旬先后解放了浙西、闽北、赣东北和赣中广大地区。当第4兵团进攻赣中时，第二野战军和总前委于5月9日致电中央军委，认为在第二野战军完全控制浙赣线，并逼近赣江的情况下，南昌之国民党军可能提前撤退。因此，建议以第4兵团在国民党军撤退时，适时进占南昌。并令第4兵团做好随时进占南昌的准备。次日，中央军委复电同意上述建议。

此时，驻守南昌的白崇禧部夏威兵团，故作姿态，吹嘘要死守南昌。其实是早已失去信心，并开始向赣江两岸逃窜。

第4兵团根据上级的命令，决定以第14军进占樟树、丰城后，西渡赣江，向高安及其以南地区实施突击，以第13军加强43师由大小港口西渡赣江，沿第14军之右侧前进。5月19日，第14军攻占樟树、新淦，准备西渡赣江，第13军主力向丰城以北疾进，21日拂晓前，先头团在南昌东南的河里绿渡过扶河，向谢埠发起攻击，守军南昌县伪保安团400多人举手投降。当前卫营进抵南北安冲一线时，被南昌守军发现，守军立即组织2个师向前卫营发起反击，企图乘其立足未稳，迫其退回河东。面对8倍于己的优势装备之敌，前卫营奋勇抗击，连续击退敌军的8次反扑，守住既得阵地，并歼灭敌人1000多人，迫使国民党军队退回城内。

驻守南昌的国民党军见第4兵团和第四野战军先遣兵团已经对南昌形成夹击之势，即于22日拂晓前全部撤离。第4兵团第13军一部于当日进占南昌。

23日，第43军沿南浔路进占了德安、永修、安义。与此同时，第三野战军一部在游击队的配合下，解放了浙东和浙南的广大地区。

渡江战役在解放上海声中胜利结束

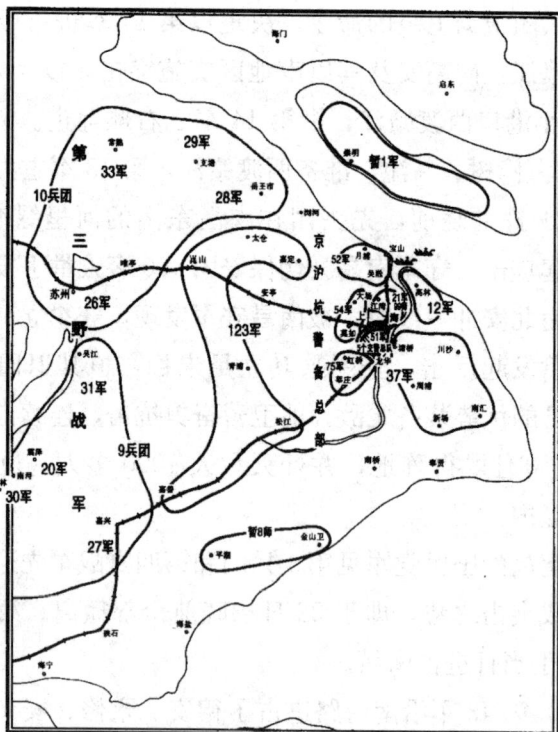

1∶1000000

上海战役前敌我态势图

随着渡江战役的时钟旋转着滴答滴答地向前跳跃，战争活剧不断变化着画面：郎广围歼战胜利结束，上海周边的障碍逐步清除，庞大的大上海便呈现在人民解放军的铁拳面前。

长江奔腾了数千千米，进入了平缓的江苏平原后，在上海吴淞口与黄浦江相会，由长江口奔流入海。黄浦江由南向北把上海分成浦东、浦西，苏州河由西向东又把浦西分成河南、河北。黄浦江是上海唯一的入海通道，吴淞口就位于其入江入海处，因而被称为上海的"咽喉"。上海的主要市区当时在浦西，尤其是苏州河与黄浦江交汇处是上海当时最繁华的地带。

上海，当时是中国和亚洲最大的口岸城市和金融中心，有人口620万，各种工厂1.2万家。中国近代工业的精华主要集中在这里，其工业产值和贸易额均占中国的一半。上海又是"冒险家的乐园"，帝国主义列强侵略中国的据点。英美等国在华的租界、工厂、银行、学校和驻军，主要集中在这里。

百万雄师过大江后，上海袒露在人民解放军的炮火打击范围之内，令蒋介石十分焦急。由于上海的特殊地位，使蒋介石在奉化老家再也坐不住了，从台后又窜到了前台，莫名其妙地终结了李宗仁代总统的政治生涯。1949年4月26日，蒋介石乘"太康"号军舰从奉化来到上海。在复兴岛，蒋介石连续召开了3次军事会议，规模扩大到驻上海的团以上军官，为他们"誓死保卫大上海"加油打气。

他首先对过去的军事形势进行了总结："有些人把过去的失败的原因统统归咎于我，这是不对的。你们应当相信我，从广东北伐以来，在策略上我没有错过，我们完全都是做对了的。北伐，我们是在困难中进行的，我们排除了困难，获得了成功。"

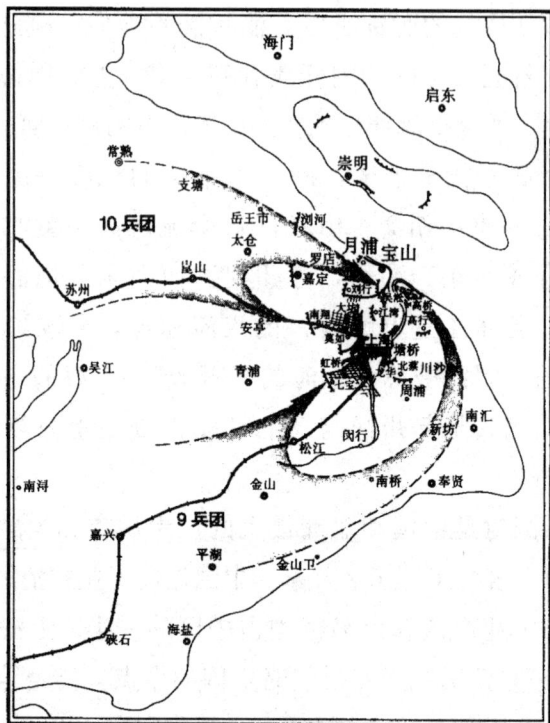

1∶1000000

上海战役我军决心图

蒋介石稍停了一下，喝了一口凉白开水，稳了稳情绪说："西安事变，是我生平最险恶的一次，也是党国存亡的关键，这一关我们也渡过了。抗日战争，我们没有来得及充分准备，以后外援又被截断，那时处境极为困难，然而经过八年艰苦奋斗，最后我们还是取得了胜利。"

蒋介石环顾了一下会场，接着说："大家想想，现在我们比起以往来说，困难总是少得多了，大家应当有信心。"

突然，他话锋一转："戴戎光这个混蛋，一炮未发就投降敌人，让共军轻易过江，使得许多部队没有战斗就溃败，彻底打乱了我的计划。"

讲到后来，蒋介石叫嚣道："关于共党的问题是国际问题，不是我们一国所能解决的，要解决必须靠整个国际力量。但目前盟国要求我们给他们一个准备的时间，这个时间也不会太长，只希望我们在远东战场打一年。因此我要求你们在上海坚持6个月，就算你们完成了任务，那时我们二线兵团建成了，就可以把你们换下去休息了。"

当时，国民党军队在上海有9个军25个师，连同海军、空军、交警等共22万人，其中陆军第54军为全部美械装备，第52军、第37军、第21军和第99军的99师为半美械装备，具有一定的战斗力，尤其是在海、空军方面还有较大的优势。仅在上海的第一舰队和第一巡防艇队就有各种舰艇24艘，空军有5个大队和1个中队，拥有各型飞机56架。有充足的弹药储备。除各部队按5个基数分发弹药外，还储备了各型重炮弹5万发，山野炮弹10万发，81及82迫击炮弹500万发，60迫击炮弹10万发，重机枪子弹500万发，轻机枪子弹1000万发，冲锋枪子弹200万发，枪榴弹50万发，手榴弹50万枚。还准备了100万加仑的汽油。

另外，国民党军队还加固工事和改造地形以利于防守。上海三面环水，有利于防守。虽然淞沪地处平原，地形平坦开阔，但是汤恩伯在原有的日本人修筑的工事的基础上，从1948年12月开始，专门把阎锡山在太原精心构筑的阵地作为构筑工事的蓝本，加修外围工事。仅其阵地体系就有外围阵地、主阵地和核心阵地等。外围阵地距市区较远，是主阵地的屏障。主阵地前沿距市区3～6千米，阵地内密布子母碉堡群，各碉堡之间有交通壕相连。核心阵地则是以市区的高大建筑物结合街道碉堡工事所构成的抵抗据点，并以国际饭店和百老汇作为苏州河南

1：1000000

上海战役经过图之一

北两个指挥中心。为扫清射界，主阵地前 1.5～2.5 千米之内，房屋拆光，庄稼铲光，坟墓夷平，从而建成了长约 80 千米、纵深 8～15 千米的防御工程体系，拥有钢筋水泥碉堡 4200 座，1 万多个野战卫星工事。汤恩伯曾吹嘘：这样的阵地固若金汤，是攻不破、打不烂的"铜墙铁壁"，他要使上海成为第二次世界大战中的"斯大林格勒第二"。

鉴于上述情况，蒋介石最后说道："守上海，我们具有非常大的优势。大家都不会忘记，'八一三'战争爆发后，日本恃其

海、空军优势，倾其全力，想在很短的时间内占领上海，逼我们订城下之盟，结果我们硬是坚守了3个月，日本损兵折将，没有达到目的。今天的情况和那时相反，我们有海、空军，共产党没有，从这个事实看来，我们要在上海坚守6个月到1年是不成问题的。"

听到下面有人小声议论，蒋介石便加重了语气："大家应该记得，当时，我军88师的1个副团长，叫谢晋元，他仅仅带了1个营坚守四行仓库，就这么一个据点，日本人就对他没有办法，我希望大家都像谢晋元一样，精忠报国。"

然后，蒋介石又强调说："我们还有一个有利条件，共军官兵都是北方人，在南方他们水土不服，不适应在江南地区长久作战，如同我们北伐时两广官兵到北方作战的情形一样。"

蒋介石的一番话，对一些他的铁杆部下具有强烈的激励作用。有的在退出会场时议论道："总裁为什么把时间规定为6个月呢？一定是与美国人商量好了。"

"是啊，现在只要美国一出面，问题就可以解决了。"

"但愿美国早日插手，我们就有希望了。"

与此同时，人民解放军也在积极地行动。南京解放后，中央军委和总前委把注意力转到解放和接收上海上来。为此，邓小平、陈毅等于1949年4月27日赶到南京。5月3日，在江苏省镇江东南的丹阳县城，突然热闹非凡。陈毅等率华东局、总前委、华东军区机关及警备旅3万人进了丹阳。中共上海地下党负责人刘晓到了，潘汉年、许涤新也从香港取道北平赶来了。随后，准备接收上海的3500名干部，分别从各解放区、从北平、从香港日夜兼程地赶到丹阳。

对于中国共产党来说，解放上海对于恢复和发展经济，对

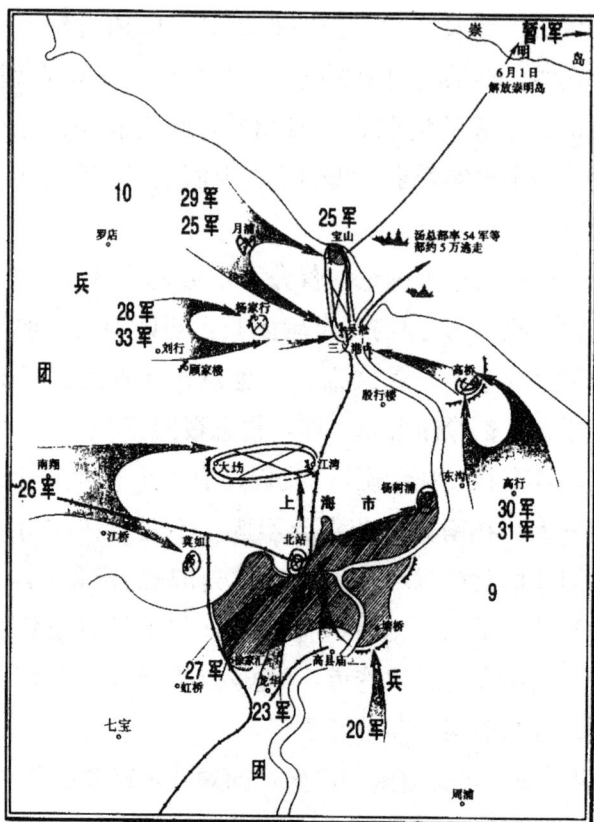

1：1000000

上海战役经过图之二

于解放全中国都具有举足轻重的作用。为此，毛泽东在七届二中全会上说，进入上海，中国革命要过一大难关。毛泽东之所以如此说，主要是担心两大问题：一是人民解放军进攻上海，美国出兵干涉；二是如果接管不好，进城后停工停电，出现大混乱，上海将变成一座"死城"。

4月25日清晨，解放南京的解放军第35军103师307团1营营长谢宝云，带着通讯员为部队安排食宿时，不慎进入美国大使馆。正在洗脸的司徒雷登大使突然看到两个解放军进来，

暴跳如雷，大声叫道："你们到大使馆干什么？"

谢营长猛然见到这个洋人，还如此粗暴，脑海中顿时涌现出帝国主义多次入侵中国，进行割地赔款，屠杀中国人民的罪行，他气得嘴唇颤抖，脸色发青，便愤怒地对美国大使进行了斥责。

针对这一误闯美国驻华使馆之事，毛泽东和中央军委专门致电总前委，以及第二、第三、第四野战军领导人："据美国广播称，我人民解放军曾进入南京美大使馆施行室内检查，并宣称该室器具不久将为人民所有云云。不管此事是否确实，你们均应立即传令全军，凡对外国大使、公使、领事和一切外交机关人员及外国侨民施行室内检查，采取任何行动，必须事先报告上级，至少须得到中央局及野战军前委一级的批准，方得实施；凡上述行动未经中央规定者，更须电告中央请求批准。"

另外，还特别强调："对待各国驻华大使馆、公使馆、领事馆及其他外交机关，早经规定一律予以保护，非经特许不得施行室内检查。此次南京检查如果属实，应认为为违反纪律行为，迅予查究。野战军以下，任何部队及其首长均无权未经中央或中央局、野战军前委批准，擅自采取对外国侨民超过中央规定的行动。在战场上，由于外国军队、军舰、空军及手持武器的外国人参加战斗行动，我们应该实行自卫，但同时，必须报告野战军前委转报中央，请求指示。"

可见，解放上海不仅是一场军事仗，还是一场政治仗。

为此，中央军委于4月28日致电总前委及粟裕、张震："美国军舰及一营陆战队，已于廿六日由上海撤至吴淞口外，美国只留下一艘载有医疗设备的军舰（医舰）在上海。英国的军舰

"伦敦"号及"永恒"号亦和美舰一起退往吴淞口外，只留下逐驱舰"黑天鹅"号在上海（该舰被打伤，有伤兵留沪就医）。法国原有一艘军舰在上海，是否退出不明。英美采取此种态度于我有利。"当然，外国军舰撤至吴淞口外，并不能排除其在人民解放军解放上海时军事介入的可能性。

为了把大上海完整地收回到中国人民的手中，中共中央、毛泽东和总前委作出了"要完整地保全上海，取得军政双丰收"的方针。陈毅形象地把这个方针喻为"瓷器店里打老鼠"，既要消灭老鼠，又要保住容易破碎的瓷器，即所谓投鼠忌器。也就是说，既要消灭国民党军队，又要保护上海经济建设等方面的所有基础，如各种生产机构、财产、物资、生活必需品和码头、仓库、交通工具、机关、学校以及有关档案材料等。

在当时的情况下，要解放上海，有3种可供选择的战法：

其一，长期围困，迫敌投降。这种方法在解放长春、太原等地时采用过。但上海情况比较特殊，人口众多，仅市区人口就有500多万，粮食和煤等生活资料主要靠外地运入。如果长期围困，上海居民不仅没有饭吃，由于缺煤，机器不能正常运转，连自来水都可能喝不上，生活将陷入绝境。相反，国民党军由于有海上通道，则可能围而不死。另外，在向全国进军的过程中，时间比较宝贵，也应当迅速解放上海进而解放全中国。长期围困之策弊多利少。

其二，由弱到强，逐点攻击。这一战法是避开敌吴淞等设防的重点，由易到难，即选择守敌防御薄弱的苏州河以南实施突击，然后逐点攻击，逐步向市区的重点地区发展，层层剥皮，最后占领全上海。但是，这种战法的最大弊端是会把上海打个稀巴烂，违背了"瓷器店里打老鼠"的本意。

其三，抓住重点，钳形攻击。把攻击的重点放在吴淞，由浦东、浦西两路钳击吴淞，封锁守军的海上退路，关起门来打狗，并力争将守军主力歼灭于市区之外，然后再进入市区，既能歼灭敌人，又达到保全上海的目的。

经过总前委对三种具体战法的认真分析研究，决定采取第三种战法，并报中央军委批准。

5月6日，中央军委根据汤恩伯正在抢运上海物资到台湾的情况，立即指示第三野战军：立即派兵占领吴淞、嘉兴两地，封锁吴淞口及其乍浦海口，断绝上海国民党军队从海上逃跑的退路，并使上海的物资不至于被大量劫走。第三野战军决定由第9、第10兵团8个军，第7、第8兵团各1个军和特种兵纵队共30万大军全力解放上海。为配合、策应解放上海，中央军委令第二野战军主力集结于浙江金华至东乡一带待命，准备对付美、英等帝国主义的武装干涉。

8日23时，为了靠前指挥，第三野战军指挥机关由武进地区东移至苏州。10日，采取第三种战法的《第三野战军淞沪战役作战命令》正式下达。

12日，上海战役正式打响。人民解放军第10、第9兵团如同两把强硬的钳子，从两个方向生生地插进了上海这只"铁核桃"。战斗中因为尽量不用火炮，因此打得异常激烈。

正当中央军委全神贯注于上海战役之时，19日接到了第三野战军的电报：据第31军报告，18日下午有美舰带国民党轮船6艘及风船等开出吴淞，上载有国民党军队。询问今后何种船可以进行炮击。20日，第三野战军又电告中央军委、总前委：在高桥以西至林家宅沿江一线有敌舰5艘（其中两艘挂有外国旗，3艘无标识），对我269团和262团阵地猛烈炮击，掩护国民党

军向我猛烈反击，请求如何处理。

毛泽东接电后十分气愤，20日替中央军委起草了致第三野战军并告总前委的电报，强调："（一）黄浦江是中国内河，任何外国军舰不许进入，有敢进入并自由行动者，均得攻击之；有向我发炮者，必须还击，直至击沉击伤或驱逐出境为止。（二）但如有外国军舰在上海停泊未动，并未向我军开炮者，则不要射击。（三）中国及外国轮船为敌军装载军队及物资出入黄浦江者，亦应攻击之。（四）中国及外国轮船在上海停泊未动者，或得我方同意开行者，准其停泊或开行，并予以保护。（五）为了对付外国军舰的干涉，你们应有充分的精神准备与实力准备，即要将外国干涉者的武装力量歼灭或驱逐之，如感兵力或炮火不足，应速从他处抽调补足……"

人民解放军第31军的重炮部队，于23日对高桥东北海面的10多艘猖狂活动的外国及国民党军队的军舰进行了猛烈射击，当即击中7艘，从此外国军舰再也不敢在浦东耀武扬威了。

与此同时，中共上海地下党积极地组织工人护厂、学生护校，保护公共财产，从而使人民解放军进城后，没有发生过停电、停水的现象，电话局照常工作。这在战争史上不能不说是一个伟大的奇迹。

上海战役自5月12日发起后，经过10天的外围作战，4天城区攻坚作战，共歼敌15.3万人。汤恩伯率5万人乘军舰出海，逃往舟山、台湾。5月27日晚，上海宣告解放，实现了中央军委完整地保全上海的战略意图。

6月2日，解放军第25军解放崇明岛。至此，整个渡江战役胜利结束。

附录：
人民解放军渡江战役战果统计表

类　　别		数　　量			
歼敌兵力	毙　伤	28144			人
	俘　虏	322313			人
	起义投诚	85558			人
	合　计	436015			人
主要缴获	要塞加农炮	17	门	枪榴、掷弹筒	2084	具
	山野榴炮	286	门	各种炮弹	359835	发
	步兵炮、战防炮	226	门	各种枪弹	28793732	发
	高射炮	4	门	坦克、装甲车	123	辆
	轻重迫击炮	2426	门	汽车	2171	辆
	轻重机枪	14356	门	舰艇（船）	220	艘
	长短枪	179771	门	马匹	6250	匹
	火箭筒	318	门	电台	160	部
击毁击伤	飞机	3	架	汽车	9	辆
	坦克、装甲车	11	辆	舰艇（船）	37	辆

（根据《中国人民解放军历史资料丛书·渡江战役》整理）